Mindfulness

English Words Mnemonics

たった16ページで
必須英単語1680が
覚えられる

Koji Kawai
Akira Kawai

Mindfulness:English Words Mnemonics

Authors Koji Kawai, Akira Kawai

Published by TPAF
1-42-8-107 Minamiogikubo Suginamiku
Tokyo, Japan
ISBN 978-4-906858-15-6

編著者：河合明 河合孝治
発行所：TPAF
ISBN 978-4-906858-15-6

今日、英単語本はたくさん出されているが それらを特徴別に分類すると

・試験に出る順
・短・長の文中で覚えるもの
・フレーズ、コロケーション
・語呂合わせ
・語源

など、まさに百花繚乱である。そしてここにさらにもう一つの英単語本が誕生したのである。
名付けて ***”マインドフルネス英単語記憶法”*** である。

日本語は通常、横書きなら左から右へ、縦書きなら上から下へ、英語は左から右へと読んだり書いたりする。しかし、この単語学習はそれだけでなく、一筆書きの図形を用いることで、スタートからゴール(スタート地点)に戻るまで、右から左、下から上へと普段行わない読み方によるトレーニングも入れることで脳機能を活性化させる。またこの方法は一種のゲシュタルト(全体を持ったまとまりのある構造)の性格も持つ。人ごみの雑踏の中で歩いている時、ある一人だけを見ていると、他の人にぶつかってしまうように、記憶の為には一つ一つの単語に集中し、それに気づきながら、全体も意識していく、つまり心理学で言うところの地と図の関係のように、部分と全体が交互に意識され、バランスが取れてこそ記憶が活性化されるのである。これがマインドフル英単語記憶法である。
最初のページ(1-A)では、真ん中の墨付き括弧【ability】の単語からスタートして→の方向へ「*ability*」→(能力)、「*absence*」→(不在で)、「*accept*」→(受け入れる)と、何回も繰り返して覚えて行くのである。この→をたどって行くと全体が一筆書きになっていてスタートの【ability】のすぐ下に戻り(ゴール)なんと ***”1ページ105の単語、トータルするとたったの16ページで、1680個の大学受験やTOEICなどでよく出題される英単語が覚えられるのである”。***

また次のページ(A-2)では単語の意味がスペース(空白)になっている。
さらに次のページ(A-3)では逆に英単語がスペース(空白)になっていて単語を覚えたかどうか確認できるようになっている。

この英単語本は発音記号や自動詞、他動詞、品詞の区別がないなど欠点もある。
しかし、用は覚えられればいいのである。
言葉は単語と単語との関係によって意味を為すことは構造主義的言語学が証明している。
従って、文中で単語の意味を覚えるのは全うな方法ではある。しかしそれには膨大な文章を読まなければならない。それでは時間がかかってしまう。重要単語の意味はサッサと覚えてしまう方が得策なのである。覚えやすい単語帳を求めて、これがいいかあれがいいかと迷ったり、次々と単語帳をハシゴするのは無駄である。ようするに覚えられた単語帳がよい単語帳なのである。
つまり、美味しいものを探すのではなく、美味しく食べればよいのである。
さあ、試してみよう。

Wtat is Mindfulness:English Words Mnemonics ?

In Japanese, we usually read and write from left to right if horizontal writing, from top to bottom if vertical writing, and in English, from left to right. However, in addition to the usual reading style, if you use unicursally written graphics and incorporate reading styles that you do not usually use, reading from right to left and from bottom to top, your brain functions will be activated and your memory will be enhanced. Also, while walking in a crowd, if you are looking at only one person, you will strike other people, but if you concentrate on each word, noticing it and becoming conscious of the whole at the same time, you will be conscious of the parts and the whole one after the other, like the relation between the place and the figure, as being called in psychology, and your memory is activated.

attend→出席する→***abandon***→捨て去る→***admit***→認める ***advance***→前進する→**appear**→現れる→**army**→軍隊→**artificial**→人口の→**ancient**

変える ***astronaut***←態度←**attitude**←助手 ***amount*** 楽しませる ***biography***←手荷物←***baggage***←借りる←***borrow***←縛る←***bind*** 古代の

alter 宇宙飛行士 ***anyhow***→とにかく ***assist*** 量 ***amuse*** 伝記 **absorb**→吸収する→***agree***→同意する→***associate*** 振る舞う ***against***

得る ***atmosphere*** 活動 ***action*** 加える ***admire*** 調整する ***banish*** 起こる ***belong***←我慢する←***bear***←関連づける ***behave*** 反対して

acquire 大気 ***activity*** 行動→ ***add*** 称賛する ***adjust*** 追放する **arise** 属する→***beat***→うち負かす→***bite***→噛む ***abandon***

保証する ***association*** 事柄←***affair***←先祖←***ancestor*** 試みる ***benefit*** 成し遂げる←***accomplish***←農業←***agriculture***←当然と思う←***assume***←捨て去る

assure 協会→***attachment***→取り付け→***art***→芸術→***attempt*** 利益→***blame***→非難する→***broadcast***→放送→***broad***→広い→***boundary***

スタート

理解する ***achieve***←受け入れる←***accept***←不在で←***absence***←能力←【***ability***】 当惑させる←***bewilder***←障害←***barrier***←するはずで←***bound***←境界

ゴール

appreciate 達成する ***arrest***→逮捕する→***area***→面積→***author*** 要求する ***bless*** 混乱させる→***consist***→成る→***concept***→概念→***colony***

着く ***awake*** 似ている ***act***←魅了する←***attract***←著者 ***claim*** 祝福する ***confuse*** 確認する←***confirm***←耕作する←***cultivate*** 植民地

arrival 目をさます ***alike*** 行動→***alive***→生きている→***allow*** 気にかける ***boast*** 大陸 ***citizen***→市民→***conclusion*** いじめっ子 ***concentrate***

申し込む ***afterword*** 論じる← **argue**←面←***aspect*** 許す ***care*** 自慢する ***continent***←行為←***conduct***←結論 ***bully*** 集中する

apply 後で→***analyze***→分析する→***acknowledge***→認める ***avenue*** 不満を言う ***brave***→勇敢な→***bury***→埋める→***bough***→大枝 ***construct***

配列←***arrangement***←採用する←***adopt***←適合させる←***adapt***←大通り ***complain***←構成する←***compose***←納得させる←***convince***←運ぶ←***convey***←組み立てる

(1-A)

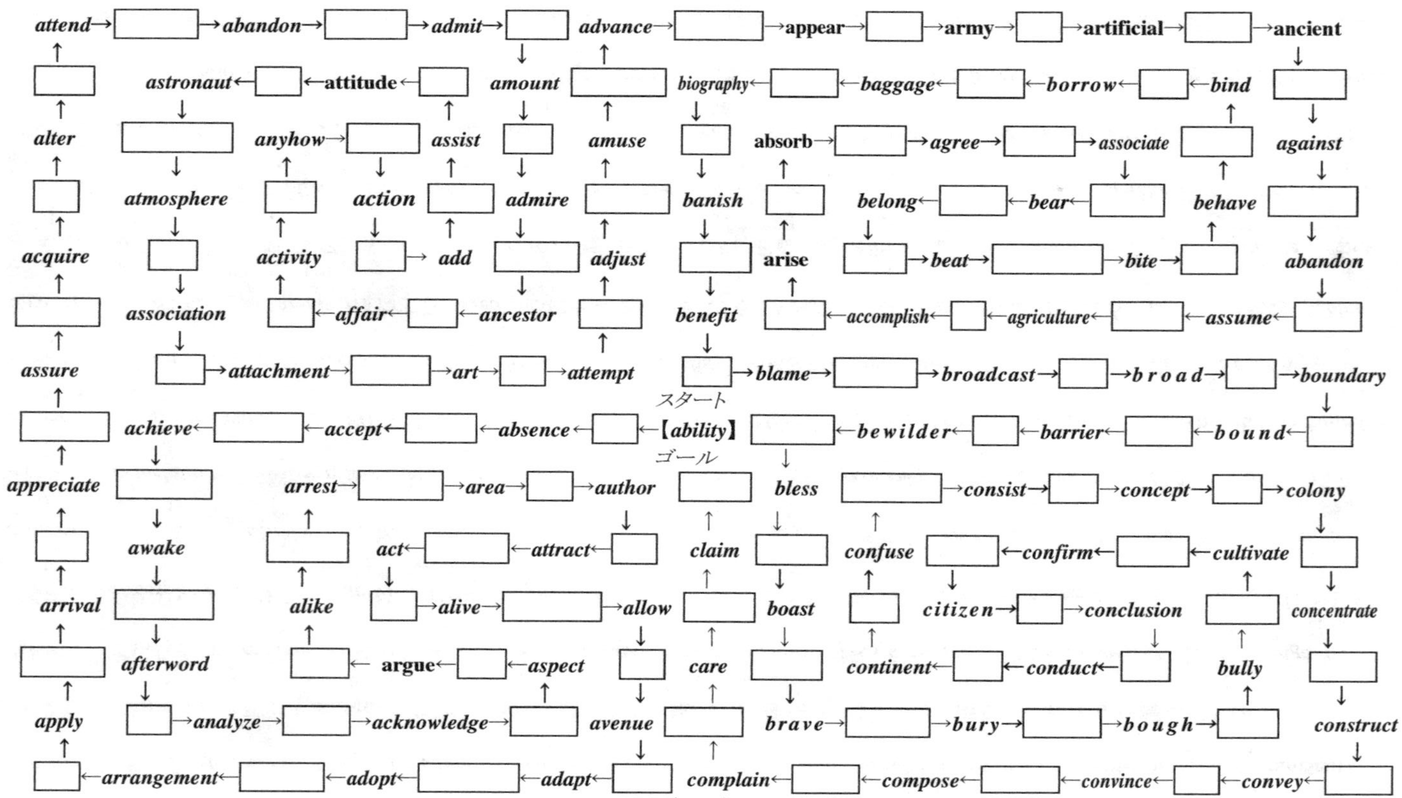
attend abandon admit advance appear army artificial ancient
astronaut attitude amount biography baggage borrow bind
alter anyhow assist amuse absorb agree associate against
atmosphere action admire banish belong bear behave
acquire activity add adjust arise beat bite abandon
association affair ancestor benefit accomplish agriculture assume
assure attachment art attempt blame broadcast b r o a d boundary
スタート
achieve accept absence 【ability】 b e w i l d e r barrier b o u n d
ゴール
appreciate arrest area author bless consist concept colony
awake act attract claim confuse confirm cultivate
arrival alike alive allow boast c i t i z e n conclusion concentrate
afterword argue aspect care continent conduct bully
apply analyze acknowledge avenue b r a v e b u r y b o u g h construct
arrangement adopt adapt complain compose convince convey
(1-B)

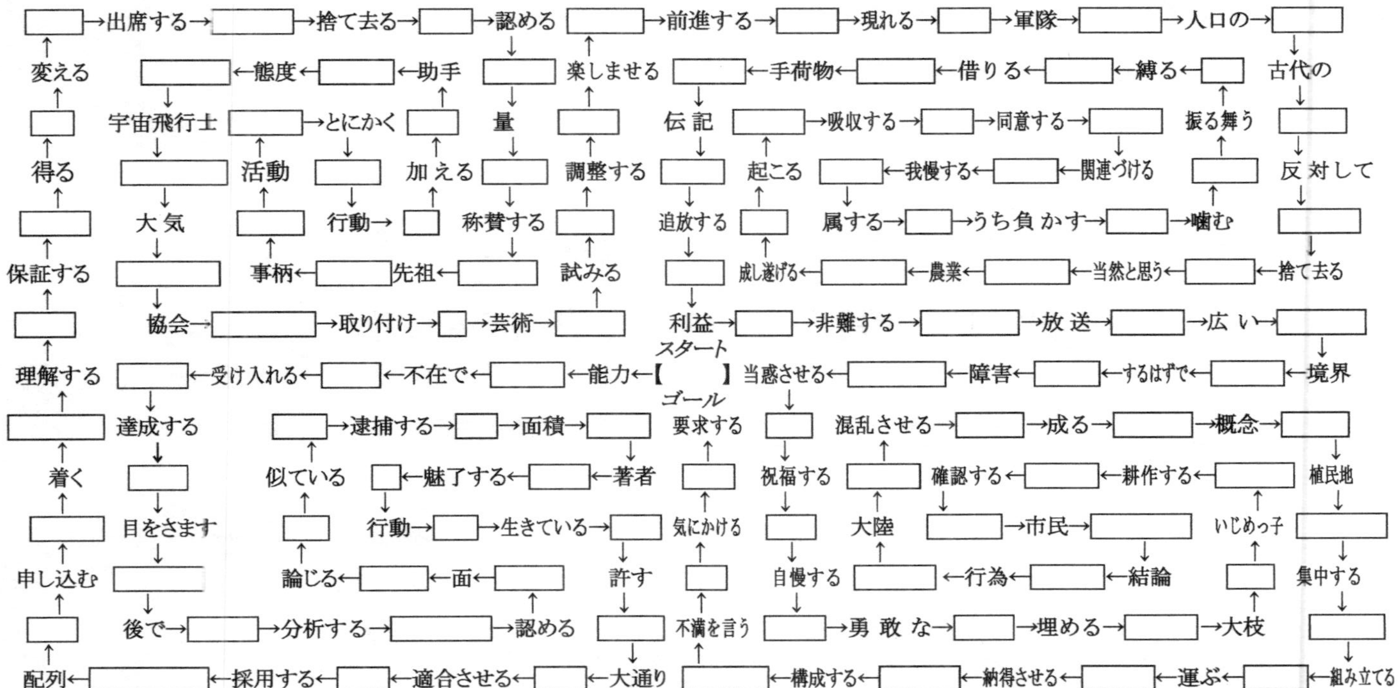
出席する
捨て去る
認める
前進する
現れる
軍隊
人口の
変える
態度
助手
楽しませる
手荷物
借りる
縛る
古代の
宇宙飛行士
とにかく
量
伝記
吸収する
同意する
振る舞う
得る
活動
加える
調整する
起こる
我慢する
関連づける
反対して
大気
行動
称賛する
追放する
属する
うち負かす
噛む
保証する
事柄
先祖
試みる
成し遂げる
農業
当然と思う
捨て去る
協会
取り付け
芸術
利益
非難する
放送
広い
スタート
理解する
受け入れる
不在で
能力
【　　】
当惑させる
障害
するはずで
境界
ゴール
達成する
逮捕する
面積
要求する
混乱させる
成る
概念
着く
似ている
魅了する
著者
祝福する
確認する
耕作する
植民地
目をさます
行動
生きている
気にかける
大陸
市民
いじめっ子
申し込む
論じる
面
許す
自慢する
行為
結論
集中する
後で
分析する
認める
不満を言う
勇敢な
埋める
大枝
配列
採用する
適合させる
大通り
構成する
納得させる
運ぶ
組み立てる

(1–C)

Notice. English words. Hear. Now.

credible→信頼できる→cheer→元気づける→chase→追跡する contemplate→よく考える→counterpart→対応するもの→clue→手がかり→century→世紀→collect

墜落した comment←犯す←commit←慈善 complex 変える choose←捕まえる←catch←計算する←calculate←妥協←compromise 集める

corrupt 論評 chat→おしゃべりをする charity 複雑な convert 選ぶ conquer→征服する→conscious→意識して→chaos 複雑な chemical

正しい commodity 信用 casual 魅力 custom 依頼人 clearly 告白する conceive←犯罪←crime←混沌 complicated 化学の

correct 商品 credit 偶然の→charm 習慣 client 明らかに confess 思い付く→concern→関係がある→calm→穏やかな clever

処理する common 主張する←contend←反対の←contrary 執着する campaign 隠す←conceal←強制的な←compulsory←機会←chance←賢い

cope 共通の→community→地域社会→companion→仲間→cling キャンペーン→cathedral→大聖堂→caution→注意する→check→調べる→childhood

スタート

秩序 cost←消費する←consume←熟考する←consider←比較する←【compare】 彗星←comet←首尾一貫した←coherent←海岸←coast←子供時代

ゴール

cosmos 費用 confront→直面させる→contrast→対照→capture 節約する conform 目立っている→constantly→絶えず→consult→相談する→coincide

勇気 create 資本 compete←制限する←confine←捕まえる conserve 合わせる conspicuous 信条←creed←会社←corporation 一致する

courage 創造する capital 競争する→cite→引用する→classify 保守的な confide 評議員 courtesy→礼儀→creature 中身 collision

文明 crowd 収容能力←capacity←命じる←command 分類する conservative 打ち明ける council←地面の穴←crater←生物 content 衝突する

civilization 群衆→complete→完全な→combine→結合させる climate 保護 confront→直面させる→conflict→対立→conscience→良心 competition

周囲の状況←circumstance←商業←commerce←含む←contain←気候 conservation←中央の←central←理解力←comprehension←有能な←competent←競争

(2-A)

credible→(　　)→cheer→(　　)→chase→(　　) contemplate→(　　)→counterpart→(　　)→clue→(　　)→century→(　　)→collect
↑　↓　↑　↓
(　　)　comment←(　　)←commit←(　　) complex (　　) choose←(　　)←catch←(　　)←calculate←(　　)←compromise (　　)
↑　↓　↑　↓　↑　↓　↑　↓
corrupt (　　) chat→(　　) charity (　　) convert (　　) conquer→(　　)→conscious→(　　)→chaos (　　) chemical
↑　↓　↑　↓　↑　↓　↑　↓　↑　↓　↑　↓
(　　) commodity (　　) casual (　　) custom (　　) clearly (　　) conceive←(　　)←crime←(　　) complicated (　　)
↑　↓　↑　↓　↑　↓　↑　↓　↑　↓　↑　↓
correct (　　) credit (　　)→charm (　　) client (　　) confess (　　)→concern→(　　)→calm→(　　) clever
↑　↓　↑　↓　↑　↓　↑　↓
(　　) common (　　)←contend←(　　)←contrary (　　) campaign (　　)←conceal←(　　)←compulsory←(　　)←chance←(　　)
↑　↓　↑　↓
cope (　　)→community→(　　)→companion→(　　)→cling (　　)→cathedral→(　　)→caution→(　　)→check→(　　)→childhood
↑　スタート　↓
(　　) cost←(　　)←consume←(　　)←consider←(　　)←【compare】(　　)←comet←(　　)←coherent←(　　)←coast←(　　)
↑　↓　ゴール　↓
cosmos (　　) confront→(　　)→contrast→(　　)→capture (　　) conform (　　)→constantly→(　　)→consult→(　　)→coincide
↑　↓　↑　↓　↑　↓　↑　↓
(　　) create (　　) compete←(　　)←confine (　　) conserve (　　) conspicuous (　　)←creed←(　　)←corporation (　　)
↑　↓　↑　↓　↑　↓　↑　↓　↑　↓
courage (　　) capital (　　)→cite→(　　)→classify (　　) confide (　　) courtesy→(　　)→creature (　　) collision
↑　↓　↑　↓　↑　↓　↑　↓　↑　↓
(　　) crowd (　　)←capacity←(　　)←command (　　) conservative (　　) council←(　　)←crater←(　　) content (　　)
↑　↓　↑　↓　↑　↓　↑　↓
civilization (　　)→complete→(　　)→combine→(　　) climate (　　) confront→(　　)→conflict→(　　)→conscience→(　　) competition
↑　↓　↑　↓
(　　)←circumstance←(　　)←commerce←(　　)←contain←(　　) conservation←(　　)←central←(　　)←comprehension←(　　)←competent←(　　)

(2 - B)

(　　)→信頼できる→(　　)→元気づける→(　　)→追跡する (　　)→よく考える→(　　)→対応するもの→(　　)→手がかり→(　　)→世紀→(　　)

墜落した (　　)←犯す←(　　)←慈善 (　　) 変える (　　)←捕まえる←(　　)←計算する←(　　)←**妥協**←(　　) **集める**

(　　) 論評 (　　)→おしゃべりをする (　　) 複雑な (　　) **選ぶ** (　　)→征服する→(　　)→意識して→(　　) **複雑な** (　　)

正しい (　　) 信用 (　　) 魅力 (　　) 依頼人 (　　) 告白する (　　)←犯罪←(　　)←混沌 (　　) **化学の**

(　　) **商品** (　　) 偶然の→(　　) **習慣** (　　) 明らかに (　　) 思い付く→(　　)→関係がある→(　　)→穏やかな (　　)

処理する (　　) 主張する←(　　)←反対の←(　　) 執着する (　　) **隠す**←(　　)←強制的な←(　　)←**機会**←(　　)←賢い

(　　) 共通の→(　　)→地域社会→(　　)→**仲間**→(　　) キャンペーン→(　　)→**大聖堂**→(　　)→注意する→(　　)→**調べる**→(　　)

スタート

秩序 (　　)←消費する←(　　)←**熟考する**←(　　)←比較する←【　　】**彗星**←(　　)←首尾一貫した←(　　)←海岸←(　　)←子供時代

ゴール

(　　) 費用 (　　) →直面させる→(　　)→**対照**→(　　) 節約する (　　) 目立っている→(　　)→**絶えず**→(　　)→相談する→(　　)

勇気 (　　) 資本 (　　)←制限する←(　　)←**捕まえる** (　　) 合わせる (　　) **信条**←(　　)←**会社**←(　　) 一致する

(　　) 創造する (　　) 競争する→(　　)→引用する→(　　) **保守的な** (　　) **評議員** (　　)→礼儀→(　　) **中身** (　　)

文明 (　　) 収容能力←(　　)←**命じる**←(　　) 分類する (　　) 打ち明ける (　　)←**地面の穴**←(　　)←**生物** (　　) 衝突する

(　　) 群衆→(　　)→完全な→(　　)→結合させる (　　) **保護** (　　)→直面させる→(　　)→対立→(　　)→良心 (　　)

周囲の状況←(　　)←商業←(　　)←含む←(　　)←気候 (　　)←中央の←(　　)←理解力←(　　)←有能な←(　　)←競争

(2-C)

Notice. English words. Hear. Now.

china→陶磁器→***cancel***→取り消す→***carbon***→炭素　***direction***→方向→***democracy***→民主主義→***deliver***→演説を行う→***demand***→需要→***deed***

料金　***decay***←定義する←***define***←10年　***date***　部,課　***depend***←密集して←***densely***←非難する←***denounce***←実演する←***demonstrate***　行い

charge　腐る　***decent***→まともな　***decade***　日付　***department***　依存する　***define***→定義する→***definition***→定義→***deceive***　決定的な　***demand***

現代の　***dedicated***　取引　***debt***　決定　***daring***　断わる　***deposit***　守る　***delight***←背く←***defy***←だます　***decisive***　要求する

contemporary　ささげる　***deal***　負債→***decision***　大胆な　***decline***　預金　***defend***　大喜び→***delighted***→大いに喜んで→***delta***→三角州　***deliver***

思いやりがある　***delicious***　締め切り←***deadline***←夜明け←***dawn***　学位,度　***deputy***　赤字←***deficit***←被告人←***defendant***←打ち負かす←***defeat***←配達する

considerate　おいしい→***deeply***→深く→***declare***→宣言する→***degree***　代理→***deprive***→奪う→***derive***→引き出す→***deserve***→値する→***design***

スタート

かなりの　***celebrity***←城←***castle***←経歴←***career***←資本主義←【***capitalism***】　軽蔑する←***despise***←望ましい←***desirable***←望む←***desire***←意図する

ゴール

considerable　有名人　***concerning***→に関して→***condo***→マンション→***consequence***　発見する　***despite***　勤勉な→***district***→区域→***distribution***→流通→***disturb***

雑用　***comedy***　うぬぼれ　***cell***←目立っている←***conspicuous***←結果　***discover***　にもかかわらず　***diligent***　発展途上の←***developing***←装置←***device***　乱す

chore　喜劇　***conceit***　細胞→***careless***→不注意な→***chapter***　訓練　***destiny***　方言　***deliberate***→審議する→***devout***　決定する　***divide***

胸　***cabinet***　円柱←***column***←鳴く←***chirp***　章　***discipline***　運命　***dialect***←捧げる←***devote***←信仰心が厚い　***determine***　分ける

chest　内閣→***cheat***→不正をする→***chief***→組織の長　***characteristic***　消える　***destroy***→破壊する→***detail***→詳細→***detective***→探偵,刑事　***division***

子供っぽい←***childish***←陽気に←***cheerfully***←課す←***charge***←特徴　***disappear***←外交官←***diplomat***←監督←***director***←独裁者←***dictator***←部課

(3-A)

china→(　　)→*cancel*→(　　)→*carbon*→(　　) *direction*→(　　)→*democracy*→(　　)→*deliver*→(　　)→*demand*→(　　)→*deed*

↑ ↓ ↑ ↓

(　　) *decay*←(　　)←*define*←(　　) *date* (　　) *depend*←(　　)←*densely*←(　　)←*denounce*←(　　)←*demonstrate* (　　)

↑ ↓ ↑ ↓ ↑ ↓ ↑ ↓

charge (　　) *decent*→(　　) *decade* (　　) *department* (　　) *define*→(　　)→*definition*→(　　)→*deceive* (　　) *demand*

↑ ↓ ↑ ↓ ↑ ↓ ↑ ↓ ↑ ↓ ↑ ↓

(　　) *dedicated* (　　) *debt* (　　) *daring* (　　) *deposit* (　　) *delight*←(　　)←*defy*←(　　) *decisive* (　　)

↑ ↓ ↑ ↓ ↑ ↓ ↑ ↓ ↑ ↓ ↑ ↓

contemporary (　　) *deal* (　　)→*decision* (　　) *decline* (　　) *defend* (　　)→*delighted*→(　　)→*delta*→(　　) *deliver*

↑ ↓ ↑ ↓ ↑ ↓ ↑ ↓

(　　) *delicious* (　　)←*deadline*←(　　)←*dawn* (　　) *deputy* (　　)←*deficit*←(　　)←*defendant*←(　　)←*defeat*←(　　)

↑ ↓ ↑ ↓

considerate (　　)→*deeply*→(　　)→*declare*→(　　)→*degree* (　　)→*deprive*→(　　)→*derive*→(　　)→*deserve*→(　　)→*design*

↑ スタート ↓

(　　) *celebrity*←(　　)←*castle*←(　　)←*career*←(　　)←【*capitalism*】(　　)←*despise*←(　　)←*desirable*←(　　)←*desire*←(　　)

↑ ↓ ゴール ↓

considerable (　　) *concerning*→(　　)→*condo*→(　　)→*consequence* (　　) *despite* (　　)→*district*→(　　)→*distribution*→(　　)→*disturb*

↑ ↓ ↑ ↓ ↑ ↓ ↑ ↓

(　　) *comedy* (　　) *cell*←(　　)←*conspicuous*←(　　) *discover* (　　) *diligent* (　　)←*developing*←(　　)←*device* (　　)

↑ ↓ ↑ ↓ ↑ ↓ ↑ ↓ ↑ ↓

chore (　　) *conceit* (　　)→*careless*→(　　)→*chapter* (　　) *destiny* (　　) *deliberate*→(　　)→*devout* (　　) *divide*

↑ ↓ ↑ ↓ ↑ ↓ ↑ ↓ ↑ ↓

(　　) *cabinet* (　　)←*column*←(　　)←*chirp* (　　) *discipline* (　　) *dialect*←(　　)←*devote*←(　　) *determine* (　　)

↑ ↓ ↑ ↓ ↑ ↓ ↑ ↓

chest (　　)→*cheat*→(　　)→*chief*→(　　) *characteristic* (　　) *destroy*→(　　)→*detail*→(　　)→*detective*→(　　) *division*

↑ ↓ ↑ ↓

(　　)←*childish*←(　　)←*cheerfully*←(　　)←*charge*←(　　) *disappear*←(　　)←*diplomat*←(　　)←*director*←(　　)←*dictator*←(　　)

(3-B)

(　　) →陶磁器→(　　)→取り消す→(　　)→炭素　(　　)→方向→(　　)→民主主義→(　　)→演説を行う→(　　)→需要→(　　)

↑　↓　↑　↓

料金　(　　)←定義する←(　　)←10 年 (　　) 部,課　(　　)←密集して←(　　)←非難する←(　　)←実演する←(　　) 行い

↑　↓　↑　↓　↑　↓　↑　↓

(　　)　腐る　(　　)→まともな (　　) 日付 (　　) 依存する (　　)→定義する→(　　)→定義→(　　) 決定的な (　　)

↑　↓　↑　↓　↑　↓　↑　↓　↑　↓　↑　↓

現代の　(　　) 取引 (　　) 決定 (　　) 断わる (　　) 守る (　　)←背く←(　　)←だます (　　) 要求する

↑　↓　↑　↓　↑　↓　↑　↓　↑　↓　↑　↓

(　　) ささげる (　　) 負債→(　　) 大胆な (　　) 預金 (　　) 大喜び→(　　)→大いに喜んで→(　　)→三角州 (　　)

↑　↓　↑　↓　↑　↓　↑　↓

思いやりがある (　　) 締め切り←(　　)←夜明け←(　　) 学位,度 (　　) 赤字←(　　)←被告人←(　　)←打ち負かす←(　　)←配達する

↑　↓　↑　↓

(　　) おいしい→(　　)→深く→(　　)→宣言する→(　　) 代理→(　　)→奪う→(　　)→引き出す→(　　)→値する→(　　)

スタート

↑　↓

かなりの (　　)←城←(　　)←経歴←(　　)←資本主義←【　　】 軽蔑する←(　　)←望ましい←(　　)←望む←(　　)←意図する

ゴール

↑　↓　↓

(　　) 有名人 (　　)→に関して→(　　)→マンション→(　　) 発見する (　　) 勤勉な→(　　)→区域→(　　)→流通→(　　)

↑　↓　↑　↓　↑　↓　↑　↓

雑用 (　　) うぬぼれ (　　)←目立っている←(　　)←結果 (　　) にもかかわらず (　　) 発展途上の←(　　)←装置←(　　) 乱す

↑　↓　↑　↓　↑　↓　↑　↓　↑　↓

(　　) 喜劇 (　　) 細胞→(　　)→不注意な→(　　) 訓練 (　　) 方言 (　　)→審議する→(　　) 決定する (　　)

↑　↓　↑　↓　↑　↓　↑　↓　↑　↓

胸 (　　) 円柱←(　　)←鳴く←(　　) 章 (　　) 運命 (　　)←捧げる←(　　)←信仰心が厚い (　　) 分ける

↑　↓　↑　↓　↑　↓　↑　↓

(　　) 内閣→(　　)→不正をする→(　　)→組織の長 (　　) 消える (　　)→破壊する→(　　)→詳細→(　　)→探偵,刑事 (　　)

↑　↓　↑　↓

子供っぽい←(　　)←陽気に←(　　)←課す←(　　)←特徴 (　　)←外交官←(　　)←監督←(　　)←独裁者←(　　)←部課

(3-C)

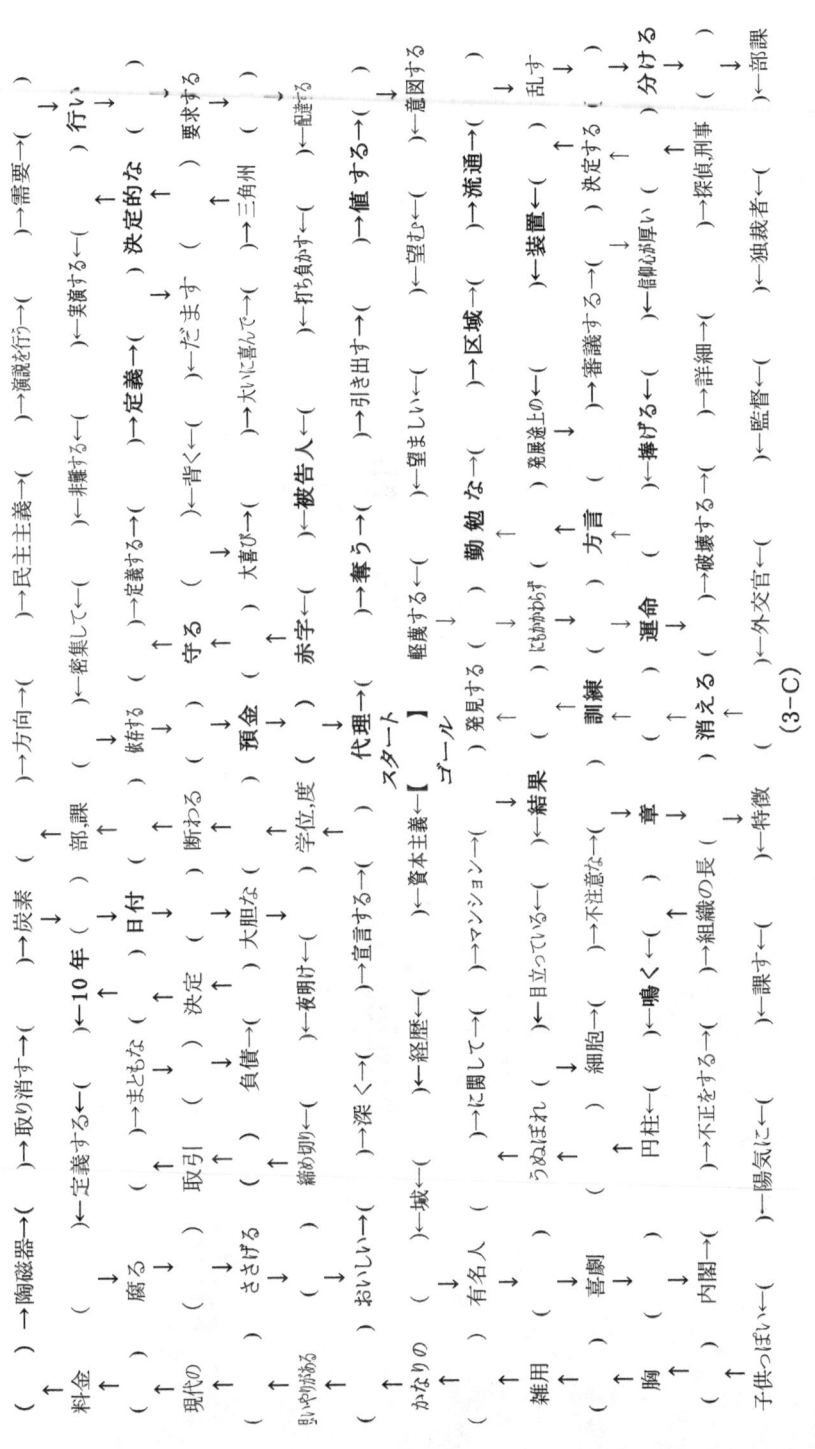

Notice. English words. Hear. Now.

dozen→ダース→***divorce***→離婚→***dissatisfaction***→不満　　***economic***→経済の→***effect***→効果→**edge**→端→***earthquake***→地震→***economist***

引きずる　***display***←失望させる←***disappointed***←**減少**　***dismiss***　**生態**　***ethnic***←見積もり←***estimate***←設立する←***establish***←入り口←***entrance***　経済学者

drag　展示する　***depth***→深み　***decrease***　解雇する　***ecology***　民族の　***elementary***→**初級の**→***education***→**教育**→***empty***　**嫉妬**　***effort***

排水する　***disaster***　必死の　***detest***　**絶望**　***dishonest***　生真面目な　***evasion***　適格の　***endow***←努力する←***endeavor***←空の　***envy***　**努力**

drain　**災害**　***desperate***　ひどく嫌う→***despair***　不誠実な　***earnest***　**回避**　***eligible***　**受ける**→***entertain***→楽しませる→***envious***→うらやましい　***earner***

干ばつ　***deduction***　駆り立てる←***drive***←**二重の**←***double***　**洗剤**　***exist***　**企業**←***enterprise***←感情←***emotion***←**効率**←***efficiency***←稼ぐ人

drought　**控除**→***decorate***→飾る→***dissolve***→溶かす→***detergent***　存在する→***expert***→**専門家**→***export***→**輸出する**→***express***→表現する→***experiment***

スタート

引き出し　***distant***←争い←***dispute***←**差別する**←***discriminate***←議論する←**【*discuss*】**　経験を積んだ←***experienced***←余分の←***extra***←程度←***extend***←実験

ゴール

drawer　遠い　***drip***→したたる→***dig***→掘る→***demonstrate***　**他の**　***expense***　肘→***elect***→**選出する**→***elder***→**年上の**→***essential***

威厳　***distinguish***　高名な　***dweller***←夕暮れ←***dusk***←証明する　***else***　**費用**　***elbow***　励ます←***encourage***←**遭遇する**←***encounter***　本質的な

dignity　区別する　***distinguished***　住民→***due***→到着予定→***draft***　風変わりな　***extend***　手の込んだ　***engineering***→工学→***equal***　**要素**　***erupt***

義務　***defend***　寄付する←***donate***←支配的な←***dominant***　設計図　***eccentric***　**延ばす**　***elaborate***←**社説**←***editorial***←**等しい**　***element***　噴火する

duty　守→***delegate***→代表者→***domestic***→**国内の**　***dull***　熱心な　***expect***→**予期する**→***exercise***→運動→***exchange***→**交換**　***extinction***

文書←***document***←訓練←***drill***←決定する←***determine***←退屈な　***eager***←極度の←***extreme***←絶妙な←***exquisite***←偉業←***exploit***←絶滅

(4-A)

dozen→(　)→divorce→(　)→dissatisfaction→(　) economic→(　)→effect→(　)→edge→(　)→earthquake→(　)→economist
↑　↓　↑　↓
(　) display←(　)←disappointed←(　) dismiss (　) ethnic←(　)←estimate←(　)←establish←(　)←entrance (　)
↑　↓　↑　↓　↑　↓　↑　↓
drag (　) depth→(　) decrease (　) ecology (　) elementary→(　)→education→(　)→empty (　) effort
↑　↓　↑　↓　↑　↓　↑　↓　↑　↓　↑　↓
(　) disaster (　) detest (　) dishonest (　) evasion (　) endow←(　)←endeavor←(　) envy (　)
↑　↓　↑　↓　↑　↓　↑　↓　↑　↓　↑　↓
drain (　) desperate (　)→despair (　) earnest (　) eligible (　)→entertain→(　)→envious→(　) earner
↑　↓　↑　↓　↑　↓　↑　↓
(　) deduction (　)←drive←(　)←double (　) exist (　)←enterprise←(　)←emotion←(　)←efficiency←(　)
↑　↓　↑　↓
drought (　)→decorate→(　)→dissolve→(　)→detergent (　)→expert→(　)→export→(　)→express→(　)→experiment
スタート
↑　↓
(　) distant←(　)←dispute←(　)←discriminate←(　)←【discuss】(　)←experienced←(　)←extra←(　)←extend←(　)
ゴール
↑　↓　↓
drawer (　) drip→(　)→dig→(　)→demonstrate (　) expense (　)→elect→(　)→elder→(　)→essential
↑　↓　↑　↓　↑　↓　↑　↓
(　) distinguish (　) dweller←(　)←dusk←(　) else (　) elbow (　)←encourage←(　)←encounter (　)
↑　↓　↑　↓　↑　↓　↑　↓　↑　↓
dignity (　) distinguished (　)→due→(　)→draft (　) extend (　) engineering→(　)→equal (　) erupt
↑　↓　↑　↓　↑　↓　↑　↓　↑　↓
(　) defend (　)←donate←(　)←dominant (　) eccentric (　) elaborate←(　)←editorial←(　) element (　)
↑　↓　↑　↓　↑　↓　↑　↓
duty (　)→delegate→(　)→domestic→(　) dull (　) expect→(　)→exercise→(　)→exchange→(　) extinction
↑　↓　↑　↓
(　)←document←(　)←drill←(　)←determine←(　) eager←(　)←extreme←(　)←exquisite←(　)←exploit←(　)

(4-B)

(　　)→ダース→(　　)→離婚→(　　)→不満　(　　)→経済の→(　　)→効果→(　　)→端→(　　)→地震→(　　)

引きずる　(　　)←失望させる←(　　)←減少　(　　)　生態　(　　)←見積もり←(　　)←設立する←(　　)←入り口←(　　)　経済学者

(　　)　展示する　(　　)→深み　(　　)　解雇する　(　　)　民族の　(　　)→初級の→(　　)→教育→(　　)　嫉妬　(　　)

排水する　(　　)　必死の　(　　)　絶望　(　　)　生真面目な　(　　)　適格の　(　　)←努力する←(　　)←空の　(　　)　努力

(　　)　災害　(　　)　ひどく嫌う→(　　)　不誠実な　(　　)　回避　(　　)　受ける→(　　)→楽しませる→(　　)→うらやましい　(　　)

干ばつ　(　　)　駆り立てる←(　　)←二重の←(　　)　洗剤　(　　)　企業←(　　)←感情←(　　)←効率←(　　)←稼ぐ人

(　　)　控除→(　　)→飾る→(　　)→溶かす→(　　)　存在する→(　　)→専門家→(　　)→輸出する→(　　)→表現する→(　　)

スタート

引き出し　(　　)←争い←(　　)←差別する←(　　)←議論する←【　　】経験を積んだ←(　　)←余分の←(　　)←程度←(　　)←実験

ゴール

(　　)　遠い　(　　)→したたる→(　　)→掘る→(　　)　他の　(　　)　肘→(　　)→選出する→(　　)→年上の→(　　)

威厳　(　　)　高名な　(　　)←夕暮れ←(　　)←証明する　(　　)　費用　(　　)　励ます←(　　)←遭遇する←(　　)　本質的な

(　　)　区別する　(　　)　住民→(　　)→到着予定→(　　)　風変わりな　(　　)　手の込んだ　(　　)→工学→(　　)　要素　(　　)

義務　(　　)　寄付する←(　　)←支配的な←(　　)　設計図　(　　)　延ばす　(　　)←社説←(　　)←等しい　(　　)　噴火する

(　　)　守→(　　)→代表者→(　　)→国内の　(　　)　熱心な　(　　)→予期する→(　　)→運動→(　　)→交換　(　　)

文書←(　　)←訓練←(　　)←決定する←(　　)←退屈な　(　　)←極度の←(　　)←絶妙な←(　　)←偉業←(　　)←絶滅

(4−C)

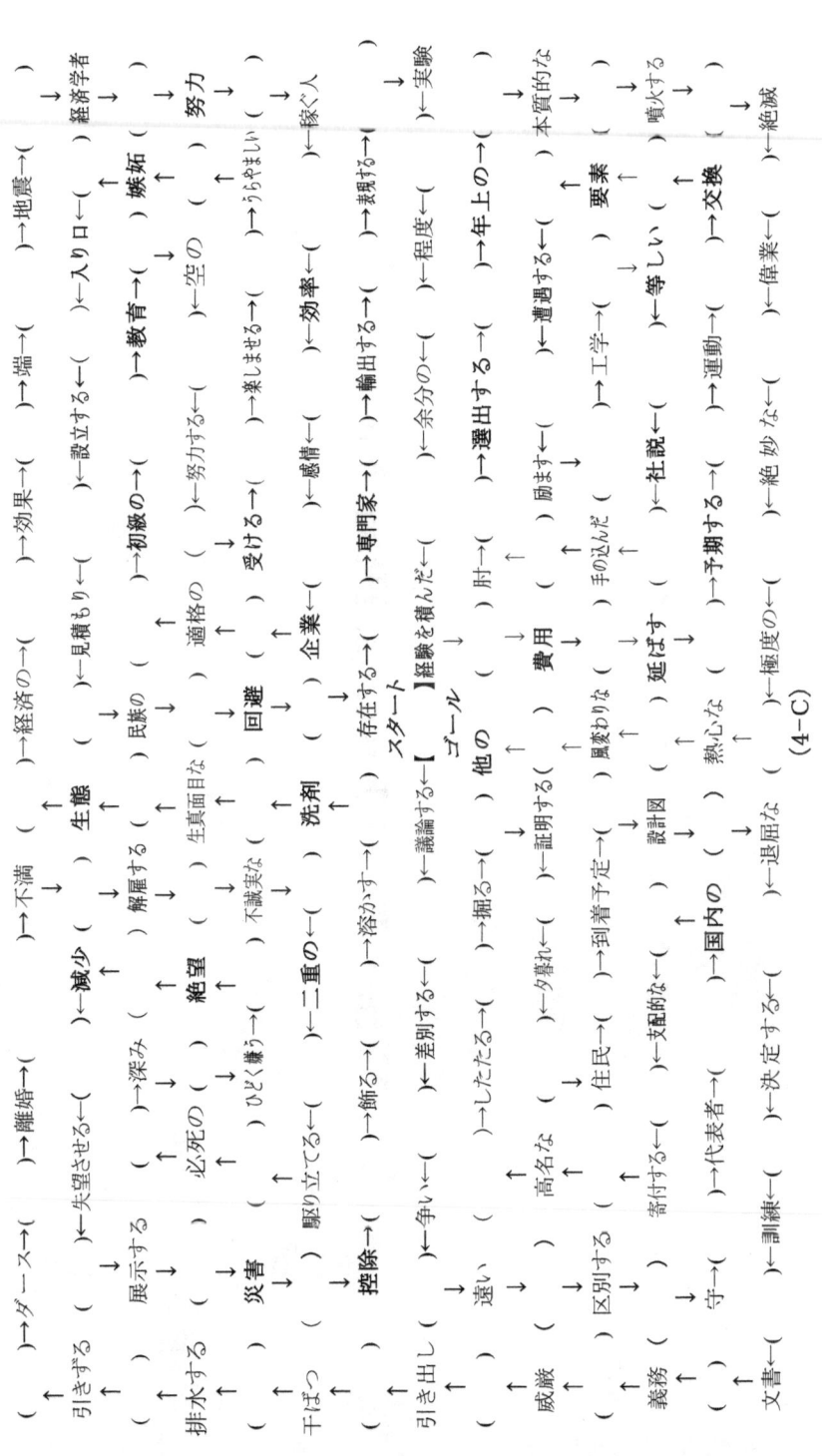

Notice. English words. Hear. Now.

fair→公平な→***failure***→失敗→***fairly***→まずまず　***fight***→戦う→***field***→畑→***fisherman***→漁師→***financial***→金融の→***feminist***

↑　↓　↑　↓

失敗する　***fellow***←好意←***favor***←魅了させた　***faith***　映画　***forecast***←強制する←***force***←汚い←***foul***←禁ずる←***forbid***　男女同権主義者

↑　↓　↑　↓　↑　↓　↑　↓

fail　同僚の　***fare***→料金　***fascinated***　信頼　***film***　予測　***flourish***→繁盛する→***focus***→集点→***fold***　愚かな　***favorite***

↑　↓　↑　↓　↑　↓　↑　↓　↑　↓　↑　↓

能力　***feature***　親友　***famine***　お別れ　***fake***　数字　***foreign***　適している　***follow***←民衆の←***folk***←折りたたむ　***foolish***　お気に入りの

↑　↓　↑　↓　↑　↓　↑　↓　↑　↓　↑　↓

faculty　特徴　***familiar***　飢饉→***farewell***　偽物　***figure***　外国の　***fit***　従う→***firm***→会社→***fluently***→流暢に　***feudal***

↑　↓　↑　↓　↑　↓　↑　↓

派閥　***fault***　好都合な←***favorable***←名声←***fame***　婚約者　***forgive***　浮かぶ←***float***←お世辞を言う←***flatter***←しっかりとした←***firm***←封建制の

↑　↓　↑　↓

faction　責任→***female***→雌の→***festival***→お祭り→***fierce***　許す→***form***→形作る→***formal***→公式の→***former***→以前の→***formidable***

↑　スタート　↓

寓話　***excellent***←展示会←***exhibition***←資格を与える←***entitle***←確実にする←【**ensure**】　冨←***fortune***←基本的な←***fundamental***←方式←***formula***←格別の

↑　↓　ゴール　↓

fable　素晴らしい　***error***→間違い→***evident***→明らかな→***eventually***　化石　***fuel***　さらに先の→***full***→完全な→***frighten***→怖がらせる→***frantic***

↑　↓　↑　↓　↑　↓　↑　↓

直面する　***exactly***　すごい　***execute***←環境←***environment***←最終的に　***fossil***　燃料　***further***　きっぱりと←***flatly***←罰金を課す←***fine***　狂乱した

↑　↓　↑　↓　↑　↓　↑　↓　↑　↓

face　確かに　***extraordinary***　処刑する→***exaggerate***→誇張する→***entire***　外国の　***fulfill***　友好的　***foreman***→職工長→***freeway***　面白い　***freedom***

↑　↓　↑　↓　↑　↓　↑　↓　↑　↓

設備　***emerge***　重役←**executive**←追放する←***expel***　全体の　***foreign***　果たす　***friendly***←凍る←***freeze***←高速道路　***funny***　自由

↑　↓　↑　↓　↑　↓　↑　↓

facility　現れる→***explain***→説明する→***explosion***→爆発　***engaged***　眉をひそめる　***fully***→完全な→***function***→機能→***fund***→基金　***freight***

↑　↓　↑　↓

要素←***factor***←工場←***factor***←永遠の←***eternal***←婚約している　***frown***←柔軟な←***flexible***←摩擦←***friction***←新入生←***freshman***←貨物

（5-A）

fair→(　)→*failure*→(　)→*fairly*→(　) *fight*→(　)→*field*→(　)→*fisherman*→(　)→*financial*→(　)→*feminist*
↑ ↓ ↑ ↓
(　) *fellow*←(　)←*favor*←(　) *faith* (　) *forecast*←(　)←*force*←(　)←*foul*←(　)←*forbid* (　)
↑ ↓ ↑ ↓ ↑ ↓ ↑ ↓
fail (　) *fare*→(　) *fascinated* (　) *film* (　) *flourish*→(　)→*focus*→(　)→*fold* (　) *favorite*
↑ ↓ ↑ ↓ ↑ ↓ ↑ ↓ ↑ ↓ ↑ ↓
(　) *feature* (　) *famine* (　) *fake* (　) *foreign* (　) *follow*←(　)←*folk*←(　) *foolish* (　)
↑ ↓ ↑ ↓ ↑ ↓ ↑ ↓ ↑ ↓ ↑ ↓
faculty (　) *familiar* (　)→*farewell* (　) *figure* (　) fit (　)→*firm*→(　)→*fluently*→(　) *feudal*
↑ ↓ ↑ ↓ ↑ ↓ ↑ ↓
(　) *fault* (　)←*favorable*←(　)←*fame* (　) *forgive* (　)←*float*←(　)←*flatter*←(　)←*firm*←(　)
↑ ↓ ↑ ↓
faction (　)→*female*→(　)→*festival*→(　)→*fierce* (　)→*form*→(　)→*formal*→(　)→*former*→(　)→*formidable*
↑ スタート ↓
(　) *excellent*←(　)←*exhibition*←(　)←*entitle*←(　)←**【ensure】** (　)←*fortune*←(　)←*fundamental*←(　)←*formula*←(　)
↑ ↓ ゴール ↓
fable (　) *error*→(　)→*evident*→(　)→*eventually* (　) *fuel* (　)→*full*→(　)→*frighten*→(　)→*frantic*
↑ ↓ ↑ ↓ ↑ ↓ ↑ ↓
(　) *exactly* (　) *execute*←(　)←*environment*←(　) *fossil* (　) *further* (　)←*flatly*←(　)←*fine* (　)
↑ ↓ ↑ ↓ ↑ ↓ ↑ ↓ ↑ ↓
face (　) *extraordinary* (　)→*exaggerate*→(　)→*entire* (　) *fulfill* (　) *foreman*→(　)→*freeway* (　) *freedom*
↑ ↓ ↑ ↓ ↑ ↓ ↑ ↓ ↑ ↓
(　) *emerge* (　)←*executive*←(　)←*expel* (　) *foreign* (　) *friendly*←(　)←*freeze*←(　) *funny* (　)
↑ ↓ ↑ ↓ ↑ ↓ ↑ ↓
facility (　)→*explain*→(　)→*explosion*→(　) *engaged* (　) *fully*→(　)→*function*→(　)→*fund*→(　) (　)
↑ ↓ ↑ ↓
(　)←*factor*←(　)←*factor*←(　)←*eternal*←(　) *frown*←(　)←*flexible*←(　)←*friction*←(　)←*freshman*←(　)

(5–B)

(　)→公平な→(　)→失敗→(　)→まずまず (　)→戦う→(　)→畑→(　)→漁師→(　)→金融の→(　)

失敗する (　)←好意←(　)←魅了させた (　) **映画** (　)←強制する←(　)←汚い←(　)←禁ずる←(　) 男女同権主義者

(　) 同僚の (　)→料金 (　) **信頼** (　) **予測** (　)→繁盛する→(　)**→集点→**(　) **愚かな** (　)

能力 (　) 親友 (　) **お別れ** (　) 数字 (　) 適している (　)←民衆の←(　)←折りたたむ (　) お気に入りの

(　) **特徴** (　) **飢饉**→(　) **偽物** (　) **外国の** (　) 従う→(　)→会社→(　)→流暢に (　)

派閥 (　) 好都合な←(　)←名声←(　) 婚約者 (　) **浮かぶ**←(　)←お世辞を言う←(　)←しっかりとした←(　)←封建制の

(　) **責任→**(　)**→雌の→**(　)→お祭り→(　) **許す→**(　)**→形作る→**(　)**→公式の→**(　)**→以前の→**(　)

スタート

寓話 (　)←展示会←(　)**←資格を与える←**(　)←確実にする←【　】 **富**←(　)←基本的な←(　)←方式←(　)←格別の

ゴール

(　) 素晴らしい (　)→間違い→(　)→明らかな→(　) **化石** (　) さらに先の→(　)**→完全な→**(　)**→怖がらせる→**(　)

直面する (　) すごい (　)←環境←(　)←最終的に (　) **燃料** (　) きっぱりと←(　)**←罰金を課す←**(　) 狂乱した

(　) 確かに (　) 処刑する→(　)→誇張する→(　) **外国の** (　) **友好的** (　)→職工長→(　) **面白い** (　)

設備 (　) 重役←(　)**←追放する←**(　) **全体の** (　) **果たす** (　)**←凍る←**(　)←高速道路 (　) 自由

(　) 現れる→(　)→説明する→(　)**→爆発** (　) 眉をひそめる (　)→**完全な**→(　)→機能→(　)**→基金** (　)

要素←(　)←工場←(　)←永遠の←(　)←婚約している (　)←柔軟な←(　)←摩擦←(　)←新入生←(　)←貨物

(5−C)

Notice. English words. Hear. Now.

grant→助成金→grasp→ぎゅとつかむ→grateful→感謝している guilty→有罪の→gulp→ぐいぐい飲む→gunboat→戦艦→g u y→男→gymnast

穀物 g r o s s←花婿←g r o o m←うめき grave 来客 hold←薬草の←herbal←妨げる←h i n d e r←隠す←h i d e 体操選手

grain 全体の grim→いかめしい groan 重要な guest 開催する haste→急ぐこと→harsh→厳しい→heritage ためらう hire

卒業する ground 悲しみ grieve にっこり笑う gravity 推測する horizon ひどく嫌う h e i r←治る←h e a l←文化的遺産 hesitate 雇う

graduate 根拠 grief 行動→g r i n 重力 guess 地平線 hate 相続人→hence→それゆえに→heredity→遺伝 habit

徐々の growth 挨拶←greeting←出迎える←greet 警備員 homeland 正直な←h o n e s t←収穫←harvest←扱う←handle←習慣

gradual 成長→grumble→愚痴を言う→guarantee→保証する→guard 祖国→homework→宿題→hostage→人質→hostility→敵意→household

スタート

成績 g a t h e r←生み出す←generate←銀河←g a l a x y←得る←【gain】 巨大な←huge←主婦←housewife←困らせる←harass←所帯の

ゴール

grade 集める geography→地理→giant→巨人→gifted 説明する human 調和→h i l l→丘→handler→取り扱う人→height

つかむ gaze 本物の gloomy←地球の←global←有能な illustrate 人間の harmony 狩りをする←hunt←偽善←hypocrisy 高さ

grab じっと見つめる genuine 暗い→glory→栄華→good 同一性 humble 大陸 hypothesis→仮説→h a l t 賛美歌 herd

政府 gene 温厚な←gentle←天才←genius 利益 identity ひかえめな continent←歴史家←historian←立ち止まる hymn 群れ

government 遺伝子→generally→一般的に→garbage→ゴミ goods 特定する humid→湿気のある→hunt→狩りをする→hydrogen→水素 heroic

統治する←govern←豪華な←gorgeous←善意←goodwill←商品 identify←想像する←imagine←無視する←ignore←理想的な←ideal←英雄的な

(6−A)

grant→(　　)→grasp→(　　)→grateful→(　　) guilty→(　　)→gulp→(　　)→gunboat→(　)→g u y→(　　)→gymnast

↑ ↓ ↑ ↓

(　　) g r o s s←(　　)←g r o o m←(　　) grave (　　) hold←(　　)←herbal←(　　)←h i n d e r←(　　)←h i d e (　　)

↑ ↓ ↑ ↓ ↑ ↓ ↑ ↓

grain (　　) grim→(　　) groan (　　) guest (　　) haste→(　　)→harsh→(　　)→heritage (　　) hire

↑ ↓ ↑ ↓ ↑ ↓ ↑ ↓ ↑ ↓ ↑ ↓

(　　) ground (　　) grieve (　　) gravity (　　) horizon (　　) h e i r←(　　)←h e a l←(　　) hesitate (　　)

↑ ↓ ↑ ↓ ↑ ↓ ↑ ↓ ↑ ↓ ↑ ↓

graduate (　　) grief (　　)→g r i n (　　) guess (　　) hate (　　)→hence→(　　)→heredity→(　　) habit

↑ ↓ ↑ ↓ ↑ ↓ ↑ ↓

(　　) growth (　　)←greeting←(　　)←greet (　　) homeland (　　)←honest←(　　)←harvest←(　　)←handle←(　　)

↑ ↓ ↑ ↓

gradual (　　)→grumble→(　　)→guarantee→(　　)→guard (　　)→homework→(　　)→hostage→(　　)→hostility→(　　)→household

スタート

↑ ↓

(　　) g a t h e r←(　　)←generate←(　　)←g a l a x y←(　　)←【gain】 (　　)←huge←(　　)←housewife←(　　)←harass←(　　)

ゴール

↑ ↓ ↓

grade (　　) geography→(　　)→giant→(　　)→gifted (　　) human (　　)→h i l l→(　　)→handler→(　　)→height

↑ ↓ ↑ ↓ ↑ ↓ ↑ ↓

(　　) gaze (　　) gloomy←(　　)←global←(　　) illustrate (　　) harmony (　　)←hunt←(　　)←hypocrisy (　　)

↑ ↓ ↑ ↓ ↑ ↓ ↑ ↓ ↑ ↓

grab (　　) genuine (　　)→glory→(　　)→good (　　) humble (　　) hypothesis→(　　)→h a l t (　　) herd

↑ ↓ ↑ ↓ ↑ ↓ ↑ ↓ ↑ ↓

(　　) gene (　　)←gentle←(　　)←genius (　　) identity (　　) continent←(　　)←historian←(　　) hymn (　　)

↑ ↓ ↑ ↓ ↑ ↓ ↑ ↓

government (　　)→generally→(　　)→garbage→(　　) goods (　　) humid→(　　)→hunt→(　　)→hydrogen→(　　) heroic

↑ ↓ ↑ ↓

(　　)←govern←(　　)←gorgeous←(　　)←goodwill←(　　) identify←(　　)←imagine←(　　)←ignore←(　　)←ideal←(　　)

(6−B)

(　)→**助成金**→(　)→ぎゅとつかむ→(　)→感謝している (　)→有罪の→(　)→ぐいぐい飲む→(　)→戦艦→(　)→男→(　)

穀物 (　)←**花婿**←(　)←うめき(　) **来客** (　)←薬草の←(　)←妨げる←(　)←**隠す**←(　) 体操選手

(　) 全体の (　)→いかめしい (　) **重要な** (　) 開催する (　)→急ぐこと→(　)→厳しい→(　) ためらう (　)

卒業する (　) 悲しみ (　) にっこり笑う (　) 推測する (　) ひどく嫌う (　)←治る←(　)←文化的遺産 (　) **雇う**

(　) **根拠** (　) **行動**→(　) 重力 (　) **地平線** (　) 相続人→(　)→それゆえに→(　)→遺伝 (　)

徐々の (　) 挨拶←(　)←**出迎える**←(　) **警備員** (　) **正直な**←(　)←**収穫**←(　)←**扱う**←(　)←習慣

(　) **成長**→(　)→愚痴を言う→(　)→保証する→(　) **祖国**→(　)→**宿題**→(　)→**人質**→(　)→**敵意**→(　)

スタート

成績 (　)←生み出す←(　)←**銀河**←(　)←得る←【　】**巨大な**←(　)←主婦←(　)←困らせる←(　)←所帯の

ゴール

(　) **集める** (　)→地理→(　)→巨人→(　) 説明する (　) 調和→(　)→**丘**→(　)→**取り扱う人**→(　)

つかむ (　) 本物の (　)←地球の←(　)←有能な (　) **人間の** (　) **狩りをする**←(　)←**偽善**←(　) 高さ

(　) じっと見つめる (　) 暗い→(　)→栄華→(　) **同一性** (　) **大陸** (　)→仮説→(　) **賛美歌** (　)

政府 (　) 温厚な←(　)←**天才**←(　) **利益** (　) ひかえめな (　)←歴史家←(　)←立ち止まる (　) 群れ

(　) 遺伝子→(　)→一般的に→(　)→ゴミ (　) 特定する (　)→湿気のある→(　)→狩りをする→(　)→**水素** (　)

統治する←(　)←豪華な←(　)←善意←(　)←商品 (　)←想像する←(　)←無視する←(　)←理想的な←(　)←英雄的な

(6−C)

Notice. English words. Hear. Now.

indispensable→必要不可欠→***inferior***→劣っている→***indignant***→**憤慨した** ***interview***→面接→***intersection***→交差点→***interrupt***→邪魔をする→***intervene***→介入する→***intimidate***

幼児 ***instinct***←**意志**←***intention***←干渉する ***influence*** 賢明でない ***intimate***←間隔←***interval***←象牙←***ivory***←その代わりに←***instead*** **威嚇する**

infant 本能 ***insist***→主張する ***interfere*** **影響** ***imprudent*** **親密な** ***involve***→巻き込む→***irony***→**皮肉**→***irrigation*** **項目** ***introduce***

避けられない ***insult*** 機関 ***install*** **尋ねる** ***inform*** 革新的な ***iceberg*** 目に見えない ***island***←いらだった←***irritated***←灌漑 ***item*** **導入する**

inevitable **侮辱する** ***institution*** 取り付ける→***inquire*** 知らせる ***innovative*** 氷山 ***invisible*** 島→***isolated***→孤立した→***issue***→問題 ***intrude***

無限の ***insurance*** 独創的な←***ingenious***←**昆虫**←***insect*** 指示 ***innocent*** **調査する**←***invest***←**発明する**←***invent***←**直観**←***intuition***←侵害する

infinite **保険**→***intellectually***→知的→***interest***→利子→***instruction*** 無罪の→***initiation***→**開始**→***inflation***→インフレ→***infrastructure***→基本的整備→***join***

スタート

産業の ***imitate***←無視する←***ignore***←**違法な**←***illegal***←感心させる←【***impress***】 **日誌**←***journal***←うれしい←***joyful***←そっと押す←***jog***←加わる

ゴール

industrial 模倣する ***income***→収入→***increase***→増加→***indicate*** もの知りの ***journal*** 熱心な→***kingdom***→**王国**→***knowledge***→**知識**→***kindly***

甘やかす ***immediate*** **改善する** ***incline***←刺激←***incentive***←示す ***knowing*** **旅行** ***keen*** **宝石**←***jewel***←嫉妬深い←***jealous*** 親切に

indulge 即座の ***improve*** 傾く→***impulse***→衝撃→***indeed*** からかう ***judge*** **司法の** ***jewelry***→宝石類→***justice*** 陪審員 ***kidnapper***

引き起こす ***immigrant*** 課す←***impose***←**輸入**←***import*** 実のところ ***kid*** **裁判官** ***judicial***←**仕事**←***job***←**公正** ***jury*** 誘拐犯

induce 移民→***imperial***→帝国の→***implement***→実行する ***independence*** たたく ***justify***→正当化する→***juvenile***→青少年の→***janitor***→**用務員** ***kitten***

ほのめかす←***imply***←信じられない←***incredible***←無関心で←***indifferent***←独立 ***knock***←ひざ←***knee***←子供←***kid***←幼稚園←***kindergarten***←子猫

(7−A)

indispensable→(　　)→*inferior*→(　　)→*indignant*→(　　) *interview*→(　　)→*intersection*→(　　)→*interrupt*→(　　)→*intervene*→(　　)→*intimidate*

↑ ↓ ↑ ↓

(　　) *instinct*←(　　)←*intention*←(　　) *influence* (　　) *intimate*←(　　)←*interval*←(　　)←*ivory*←(　　)←*instead* (　　)

↑ ↓ ↑ ↓ ↑ ↓ ↑ ↓

infant (　　) *insist*→(　　) *interfere* (　　) *imprudent* (　　) *involve*→(　　)→*irony*→(　　)→*irrigation* (　　) *introduce*

↑ ↓ ↑ ↓ ↑ ↓ ↑ ↓ ↑ ↓ ↑ ↓

(　　) *insult* (　　) *install* (　　) *inform* (　　) *iceberg* (　　) *island*←(　　)←*irritated*←(　　) *item* (　　)

↑ ↓ ↑ ↓ ↑ ↓ ↑ ↓ ↑ ↓ ↑ ↓

inevitable (　　) *institution* (　　)→*inquire* (　　) *innovative* (　　) *invisible* (　　)→*isolated*→(　　)→*issue*→(　　) *intrude*

↑ ↓ ↑ ↓ ↑ ↓ ↑ ↓

(　　) *insurance* (　　)←*ingenious*←(　　)←*insect* (　　) *innocent* (　　)←*invest*←(　　)←*invent*←(　　)←*intuition*←(　　)

↑ ↓ ↑ ↓

infinite (　　)→*intellectually*→(　　)→*interest*→(　　)→*instruction* (　　)→*initiation*→(　　)→*inflation*→(　　)→*infrastructure*→(　　)→*join*

スタート

↑ ↓

(　　) *imitate*←(　　)←*ignore*←(　　)←*illegal*←(　　)←【*impress*】 (　　)←*journal*←(　　)←*joyful*←(　　)←*jog*←(　　)

ゴール

↑ ↓ ↓

industrial (　　) *income*→(　　)→*increase*→(　　)→*indicate* (　　) *journal* (　　)→*kingdom*→(　　)→*knowledge*→(　　)→*kindly*

↑ ↓ ↑ ↓ ↑ ↓ ↑ ↓

(　　) *immediate* (　　) *incline*←(　　)←*incentive*←(　　) *knowing* (　　) *keen* (　　)←*jewel*←(　　)←*jealous* (　　)

↑ ↓ ↑ ↓ ↑ ↓ ↑ ↓ ↑ ↓

indulge (　　) *improve* (　　)→*impulse*→(　　)→*indeed* (　　) *judge* (　　) *jewelry*→(　　)→*justice* (　　) *kidnapper*

↑ ↓ ↑ ↓ ↑ ↓ ↑ ↓ ↑ ↓

(　　) *immigrant* (　　)←*impose*←(　　)←*import* (　　) *kid* (　　) *judicial*←(　　)←*job*←(　　) *jury* (　　)

↑ ↓ ↑ ↓ ↑ ↓ ↑ ↓

induce (　　)→*imperial*→(　　)→*implement*→(　　) *independence* (　　) *justify*→(　　)→*juvenile*→(　　)→*janitor*→(　　) *kitten*

↑ ↓ ↑ ↓

(　　)←*imply*←(　　)←*incredible*←(　　)←*indifferent*←(　　) *knock*←(　　)←*knee*←(　　)←*kid*←(　　)←*kindergarten*←(　　)

(7-B)

(　)→必要不可欠→(　)→劣っている→(　)→憤慨した (　)→面接→(　)→交差点→(　)→邪魔をする→(　)→介入する→(　)

幼児 (　)←**意志**←(　)←干渉する (　) 賢明でない (　)←間隔←(　)←象牙←(　)←その代わりに←(　) **威嚇する**

(　) 本能 (　)→主張する (　) **影響** (　) **親密な** (　)→巻き込む→(　)→**皮肉**→(　) **項目** (　)

避けられない (　) 機関 (　) **尋ねる** (　) 革新的な (　) 目に見えない (　)←いらだった←(　)←灌漑 (　) **導入する**

(　) **侮辱する** (　) 取り付ける→(　) 知らせる (　) **氷山** (　) 島→(　)→孤立した→(　)→問題 (　)

無限の (　) 独創的な←(　)←**昆虫**←(　) 指示 (　) **調査する**←(　)←発明する←(　)←**直観**←(　)←侵害する

(　) **保険**→(　)→知的→(　)→利子→(　) 無罪の→(　)→**開始**→(　)→インフレ→(　)→基本的整備→(　)

スタート

産業の (　)←無視する←(　)←**違法な**←(　)←感心させる←【　】**日誌**←(　)←うれしい←(　)←そっと押す←(　)←加わる

ゴール

(　) 模倣する (　)→収入→(　)→増加→(　) もの知りの (　) 熱心な→(　)→**王国**→(　)→**知識**→(　)

甘やかす (　) **改善する** (　)←刺激←(　)←示す (　) **旅行** (　) **宝石**←(　)←嫉妬深い←(　) 親切に

(　) 即座の (　) 傾く→(　)→衝撃→(　) からかう (　) **司法の** (　)→宝石類→(　) 陪審員 (　)

引き起こす (　) 課す←(　)←**輸入**←(　) 実のところ (　) **裁判官** (　)←**仕事**←(　)←**公正** (　) 誘拐犯

(　) 移民→(　)→帝国の→(　)→実行する (　) たたく (　)→正当化する→(　)→青少年の→(　)→**用務員** (　)

ほのめかす←(　)←信じられない←(　)←無関心で←(　)←独立 (　)←ひざ←(　)←子供←(　)←幼稚園←(　)←子猫

(7-C)

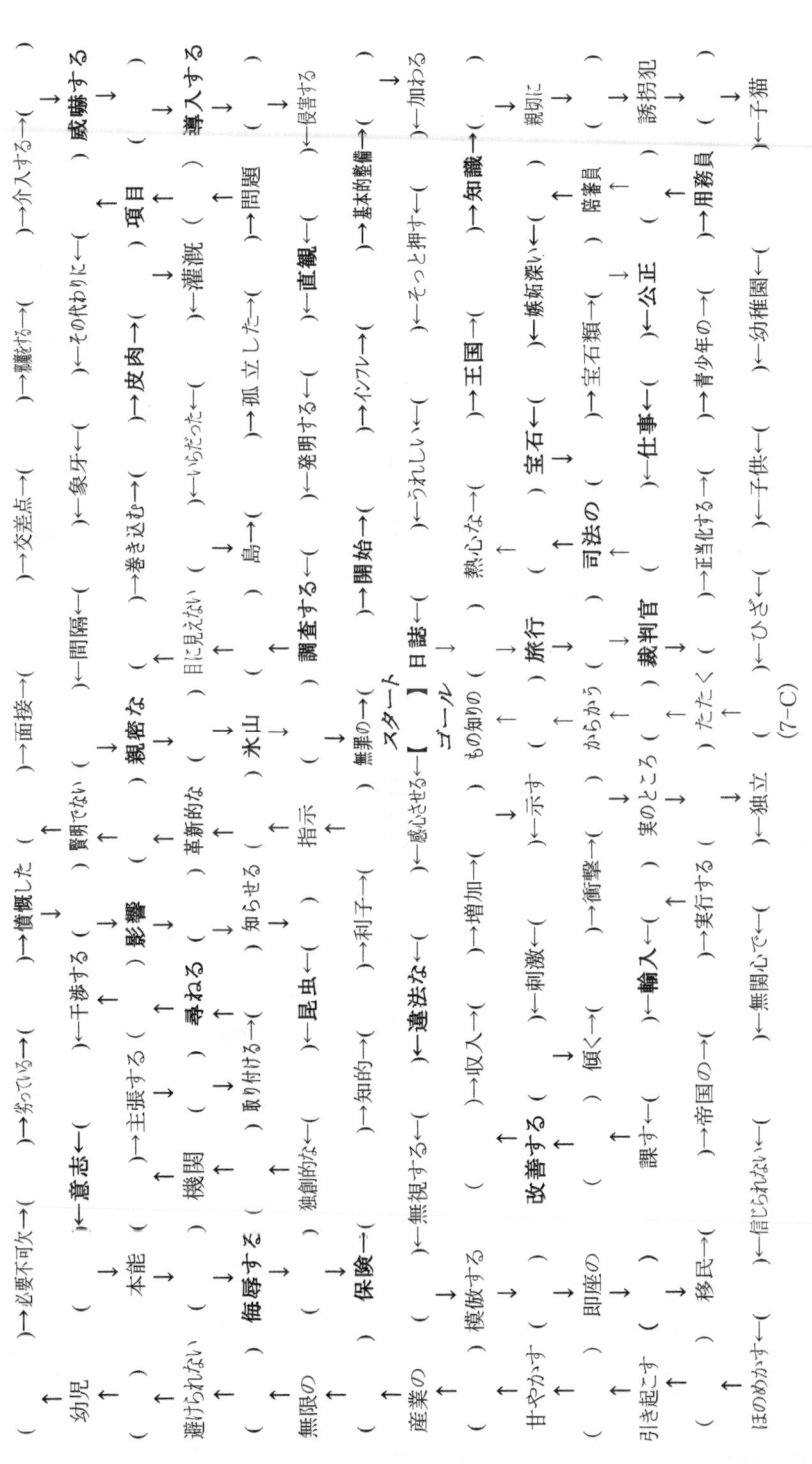

Notice. English words. Hear. Now.

legitimate→正当な→*lightning*→稲妻→*likely*→たぶん　*manually*→手動で→*manufacture*→製造する→*march*→行進→*margin*→差→*market*
↑ ↓ ↑ ↓
講義　*majority*←機械←**machine**←専攻する　*magazine*　手引書　*moisture*←医学の←*medical*←測定←*measure*←その間←*meantime*　市場
↑ ↓ ↑ ↓ ↑ ↓ ↑ ↓
lecture　大多数　*major*→主要な　*major*　雑誌　*manual*　水 分　*material*→材料→*matter*→問題→*maximum*　食事　*Mars*
↑ ↓ ↑ ↓ ↑ ↓ ↑ ↓ ↑ ↓ ↑ ↓
法律の　*malicious*　威厳ある　*majority*　男　*magnitude*　大邸宅　*medieval*　試合　*means*←意味←*meaning*←最大限　*meal*　火星
↑ ↓ ↑ ↓ ↑ ↓ ↑ ↓ ↑ ↓ ↑ ↓
legal　悪意のある　*majestic*　大半→*male*　規模　*mansion*　中世の　*match*　手段→*mandatory*→義務的な→*mass*→質量　*marvelous*
↑ ↓ ↑ ↓ ↑ ↓ ↑ ↓
立法　*mammal*　維持する←*maintain*←主に←*mainly*　やり方　*Mediterranean*　傑作←*masterpiece*←修士号←*master*←巨大な←*massive*←素晴らしい
↑ ↓ ↑ ↓
legislation　哺乳動物→*management*→経営する→*manager*→部長→*manner*　地中海の→*meek*→おとなしい→*medium*→媒体→*menace*→脅威→*memorize*
スタート
↑ ↓
文字通りの　*land*←風景←*landscape*←実験室←*laboratory*←労働←【*labor*】　言及する←*mention*←精神の←*mental*←直す←*mend*←記憶する
ゴール
↑ ↓ ↓
literal　土地　*lack*→欠く→*launch*→放つ→*loyal*　任務　*merchandise*　鉱物→*minimize*→最小にする→*mill*→製造所→*million*
↑ ↓ ↑ ↓ ↑ ↓ ↑ ↓
液体　*language*　法律　*lumber*←荷物←*luggage*←忠実な　*mission*　商品　*mineral*　電子レンジ←*microwave*←顕微鏡←*microscope*　百万
↑ ↓ ↑ ↓ ↑ ↓ ↑ ↓ ↑ ↓
liquid　言語　*law*　木材→*latter*→後者→*length*　軌跡　*merchant*　軍隊の　*midnight*→午前零時→*mildly*　方法　*minister*
↑ ↓ ↑ ↓ ↑ ↓ ↑ ↓ ↑ ↓
貸す　*leap*　最新の←*latest*←最近←*lately*　長さ　*miracle*　商人　*military*←マイル←**mile**←穏やかに　*method*　大臣
↑ ↓ ↑ ↓ ↑ ↓ ↑ ↓
lend　飛ぶ→*literature*→文学→*lively*→元気の良い　*license*　群衆　*mercy*→慈悲→*mere*→単なる→*merely*→単に　*ministry*
↑ ↓ ↑ ↓
寛大な←*liberal*←怠惰な←*lazy*←導く←*lead*←免許　*mob*←いたずら好きな←*mischievous*←少数派←*minority*←重要でない←*minor*←省

(8-A)

legitimate lightning likely manually manufacture march margin market
majority machine magazine moisture medical measure meantime
lecture major major manual material matter maximum Mars
malicious majority magnitude medieval means meaning meal
legal majestic male mansion match mandatory mass marvelous
mammal maintain mainly Mediterranean masterpiece master massive
legislation management manager manner meek medium menace memorize
スタート
land landscape laboratory 【labor】 mention mental mend
ゴール
literal lack launch loyal merchandise minimize mill million
language lumber luggage mission mineral microwave microscope
liquid law latter length merchant midnight mildly minister
leap latest lately miracle military mile method
lend literature lively license mercy mere merely ministry
liberal lazy lead mob mischievous minority minor

(8–B)

[redacted]→正当な→[redacted]→稲妻→[redacted]→たぶん [redacted]→手動で→[redacted]→製造する[redacted]→行進→[redacted]→差→[redacted]

講義 [redacted]←機械←[redacted]←専攻する [redacted] 手引書 [redacted]←医学の←[redacted]←測定←[redacted]←その間←[redacted] 市場

[redacted] 大多数 [redacted]→主要な [redacted] 雑誌 [redacted] 水分 [redacted]→材料→[redacted]→問題→[redacted] 食事 [redacted]

法律の [redacted] 威厳ある [redacted] 男 [redacted] 大邸宅 [redacted] 試合 [redacted]←意味←[redacted]←最大限 [redacted] 火星

[redacted] 悪意のある [redacted] 大半→[redacted] 規模 [redacted] 中世の [redacted] 手段→[redacted]→義務的な→[redacted]→質量 [redacted]

立法 [redacted] 維持する←[redacted]←主に←[redacted] やり方 [redacted] 傑作←[redacted]←修士号←[redacted]←巨大な←[redacted]←素晴らしい

[redacted] 哺乳動物→[redacted]→経営する→[redacted]→部長→[redacted] 地中海の→[redacted]→おとなしい→[redacted]→媒体→[redacted]→脅威→[redacted]

スタート

文字通りの [redacted]←風景←[redacted]←実験室←[redacted]←労働←【[redacted]】 言及する←[redacted]←精神の←[redacted]←直す←[redacted]←記憶する

ゴール

[redacted] 土地 [redacted]→欠く→[redacted]→放つ→[redacted] 任務 [redacted] 鉱物→[redacted]→最小にする→[redacted]→製造所→[redacted]

液体 [redacted] 法律 [redacted]←荷物←[redacted]←忠実な [redacted] 商品 [redacted] 電子レンジ←[redacted]←顕微鏡←[redacted] 百万

[redacted] 言語 [redacted] 木材→[redacted]→後者→[redacted] 軌跡 [redacted] 軍隊の [redacted]→午前零時→[redacted] 方法 [redacted]

貸す [redacted] 最新の←[redacted]←最近←[redacted] 長さ [redacted] 商人 [redacted]←マイル←[redacted]←穏やかに [redacted] 大臣

[redacted] 飛ぶ→[redacted]→文学→[redacted]→元気の良い [redacted] 群衆 [redacted]→慈悲→[redacted]→単なる→[redacted]→単に [redacted]

寛大な←[redacted]←怠惰な←[redacted]←導く←[redacted]←免許 [redacted]←いたずら好きな←[redacted]←少数派←[redacted]←重要でない←[redacted]←省

(8-C)

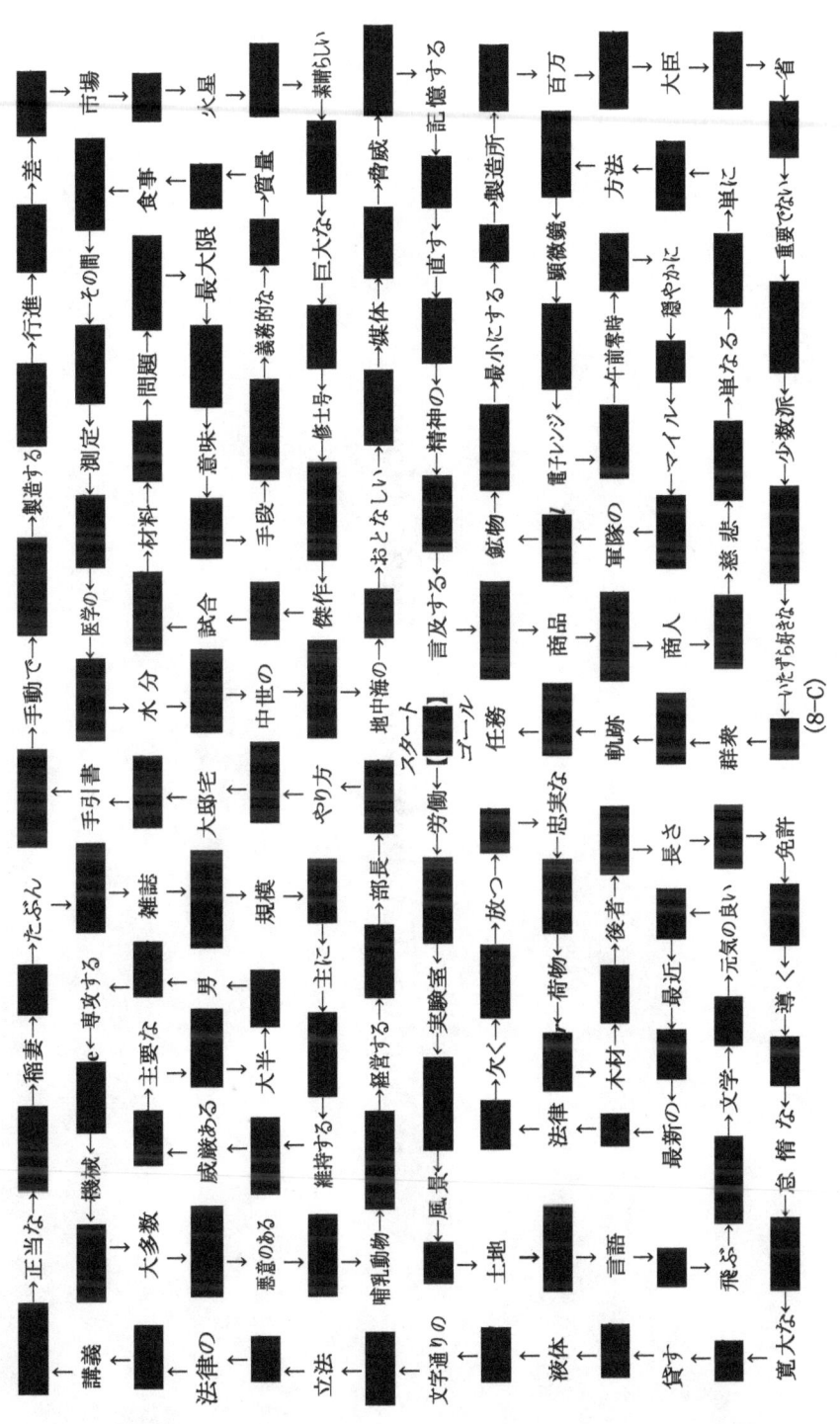

Notice. English words. Hear. Now.

necessity→必要→needs→必要なもの→negative→否定の nuance→迷惑→numerous→多数の→nurse→看護士→notion→考え→obey

ほとんど naked←中立の←neutral←神経質な neglect 小 説 occur←占領する←occupy←時折←occasionally←場合←occasion 従う

nearly 裸の naughty→やんちゃな nervous 怠ける novel 起きる obscure→曖 昧な→observation→観察→observe さえぎる object

原住民の nevertheless 原住民の navy 隣 人 negotiate 知らせる odd 起こる obtain←障害物←obstacle←観察する obstruct 物体

native それにもかかわらず native 海軍→neighbor 交渉する notify 変な obliged 得る→obvious→明 白な→obstinate→頑固な object

国立の newly 国家←nation←つまり←namely 気づく odds 成し遂げる←oblige←義務←obligation←目的←objective←反対する

national 新しく→notwithstanding→にもかかわらず→noted→有名な→notice 可能性→offend→非難する→offense→放 送→offer→広 い→office

スタート

細い mode←宣教師←missionary←間違い←mistake←修正する←【modify】 子 供←offspring←役員←official←役人←officer←事務所

ゴール

narrow 方法 moral→教訓→mortgage→住宅ローン→motion 外部の omit 東洋の→original→原作→originally→当初は→ornament

ミステリー moderate 停泊させる move←動機を与える←motivate←運動 outside 省略する oriental 命じる←order←楽観的な←optimistic 装飾品

mystery 目をさます moor 動く→mow→刈る→multiple 激怒 operate 組織する ordinary→普通の→organ 反対の orphan

相互の moderate 雰囲気←mood←記念碑←monument 複合の outrage 操作する organize←組織←organization←器官 opposite 孤児

mutual 過度な→modern→現代の→monthly→毎月の multiply 見通し opinion→意 見→opponent→相手→opportunity→機会 others

美術館←museum←筋肉←muscle←導 く←murder←増加する outlook←時代遅れの←outdated←結果←outcome←さもなければ←otherwise←他人

(9-A)

necessity → [redacted] → needs → [redacted] → negative → [redacted]   nuance → [redacted] → numerous → [redacted] → nurse → [redacted] → notion → [redacted] → obey

[redacted]   naked ← [redacted] ← neutral ← [redacted]   neglect   [redacted]   occur ← [redacted] ← occupy ← [redacted] ← occasionally ← [redacted] ← occasion   [redacted]

nearly   [redacted]   naughty → [redacted]   nervous   [redacted]   novel   [redacted]   obscure → [redacted] → observation → [redacted] → observe   [redacted]   object

[redacted]   nevertheless   [redacted]   navy   [redacted]   negotiate   [redacted]   odd   [redacted]   obtain ← [redacted] ← obstacle ← [redacted]   obstruct   [redacted]

native   [redacted]   native   [redacted] → neighbor   [redacted]   notify   [redacted]   obliged   [redacted] → obvious → [redacted] → obstinate → [redacted]   object

[redacted]   newly   [redacted] ← nation ← [redacted] ← namely   [redacted]   odds   [redacted] ← oblige ← [redacted] ← obligation ← [redacted] ← objective ← [redacted]

national   [redacted] → notwithstanding → [redacted] → noted → [redacted] → notice   [redacted] → offend → [redacted] → offense → [redacted] → offer → [redacted] → office

スタート

[redacted]   mode ← [redacted] ← missionary ← [redacted] ← mistake ← [redacted] ← 【modify】   [redacted] ← offspring ← [redacted] ← official ← [redacted] ← officer ← [redacted]

ゴール

narrow   [redacted]   moral → [redacted] → mortgage → [redacted] → motion   [redacted]   omit   [redacted] → original → [redacted] → originally → [redacted] → ornament

[redacted]   moderate   [redacted]   move ← [redacted] ← motivate ← [redacted]   outside   [redacted]   oriental   [redacted] ← order ← [redacted] ← optimistic   [redacted]

mystery   [redacted]   moor   [redacted] → mow → [redacted] → multiple   [redacted]   operate   [redacted]   ordinary → [redacted] → organ   [redacted]   orphan

[redacted]   moderate   [redacted] ← mood ← [redacted] ← monument   [redacted]   outrage   [redacted]   organize ← [redacted] ← organization ← [redacted]   opposite   [redacted]

mutual   [redacted] → modern → [redacted] → monthly → [redacted]   multiply   [redacted]   opinion → [redacted] → opponent → [redacted] → opportunity → [redacted]   others

[redacted] ← museum ← [redacted] ← muscle ← [redacted] ← murder ← [redacted]   outlook ← [redacted] ← outdated ← [redacted] ← outcome ← [redacted] ← otherwise ← [redacted]

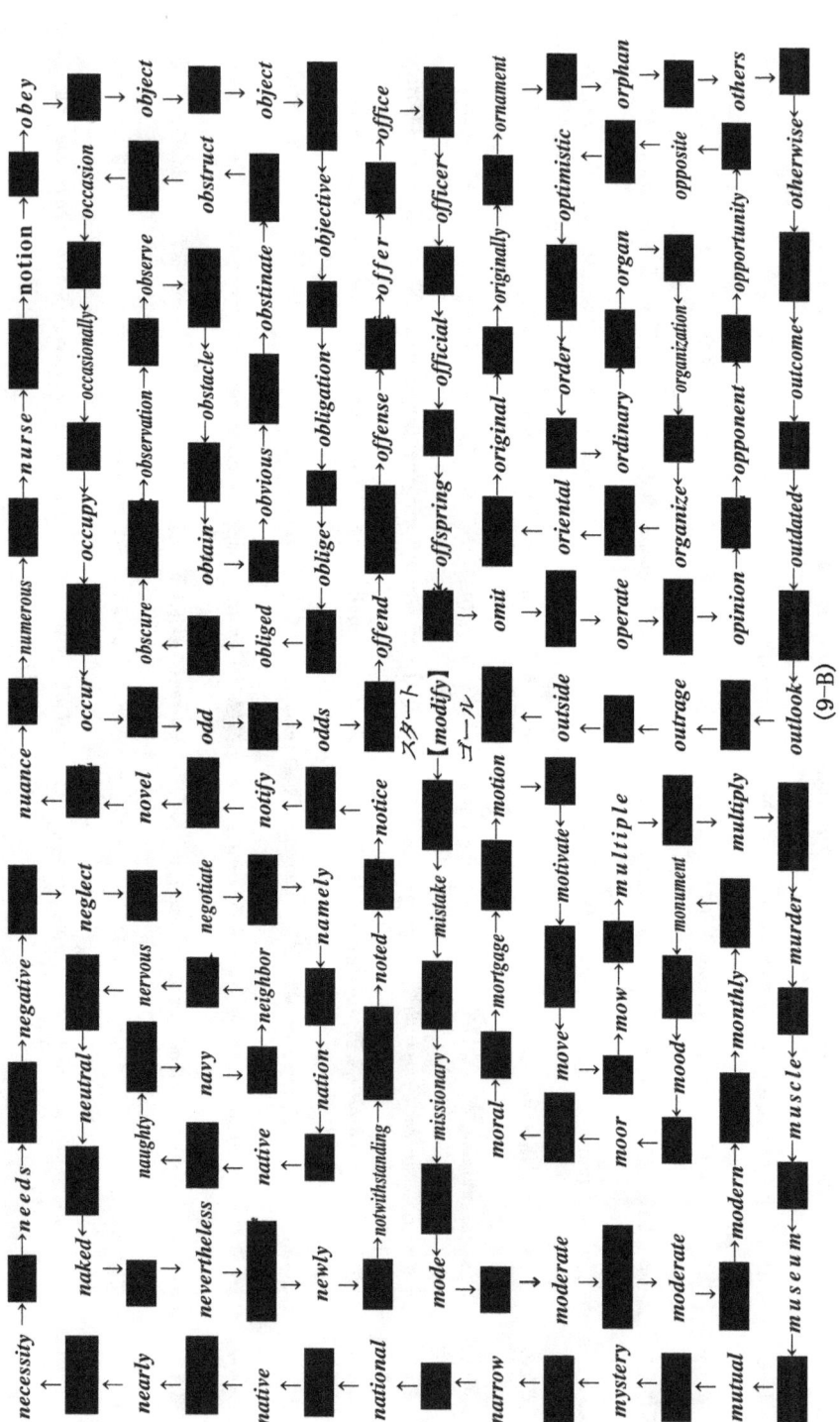

(9–B)

[redacted]→必要→[redacted]→必要なもの→[redacted]→否定の　[redacted]→迷惑→[redacted]→多数の→[redacted]→看護士→[redacted]→考え→[redacted]

ほとんど　[redacted]←中立の←[redacted]←神経質な　[redacted]　小 説　[redacted]←占領する←[redacted]←時折←[redacted]←場合←[redacted]　従う

[redacted]　裸の　[redacted]→やんちゃな　[redacted]　怠ける　[redacted]　起きる　[redacted]→曖 昧な→[redacted]→観察→[redacted]　さえぎる　[redacted]

原住民の　[redacted]　原住民の　[redacted]　隣 人　[redacted]　知らせる　[redacted]　起こる　[redacted]←障害物←[redacted]←観察する　[redacted]　物体

[redacted]　それにもかかわらず　[redacted]　海軍→[redacted]　交渉する　[redacted]　変な　[redacted]　得る→[redacted]→明 白な→[redacted]→頑固な　[redacted]

国立の　[redacted]　国家←[redacted]←つまり←[redacted]　気づく　[redacted]　成し遂げる←[redacted]←義務←[redacted]←目的←[redacted]←反対する

[redacted]　新しく→[redacted]→にもかかわらず→[redacted]→有名な→[redacted]　可能性→[redacted]→非難する→[redacted]→放 送→[redacted]→広 い→[redacted]

スタート

細い　[redacted]←宣教師←[redacted]←間違い←[redacted]←修正する←【[redacted]】　子 供←[redacted]←役員←[redacted]←役人←[redacted]←事務所

ゴール

[redacted]　方法　[redacted]→教訓→[redacted]→住宅ローン→[redacted]　外 部 の　[redacted]　東洋の→[redacted]→原作→[redacted]→当初は→[redacted]

ミステリー　[redacted]　停泊させる　[redacted]←動機を与える←[redacted]←運動　[redacted]　省略する　[redacted]　命じる←[redacted]←楽観的な←[redacted]　装飾品

[redacted]　目をさます　[redacted]　動く→[redacted]→苅る→[redacted]　激怒　[redacted]　組織する　[redacted]→普通の→[redacted]　反対の　[redacted]

相互の　[redacted]　雰囲気←[redacted]←記念碑←[redacted]　複合の　[redacted]　操作する　[redacted]←組織←[redacted]←器官　[redacted]　孤児

[redacted]　過度な→[redacted]→現代の→[redacted]→毎月の　[redacted]　見通し　[redacted]→意 見→[redacted]→相手→[redacted]→機会　[redacted]

美術館←[redacted]←筋肉←[redacted]←導 く←[redacted]←増加する　[redacted]←時代遅れの←[redacted]←結果←[redacted]←さもなければ←[redacted]←他人

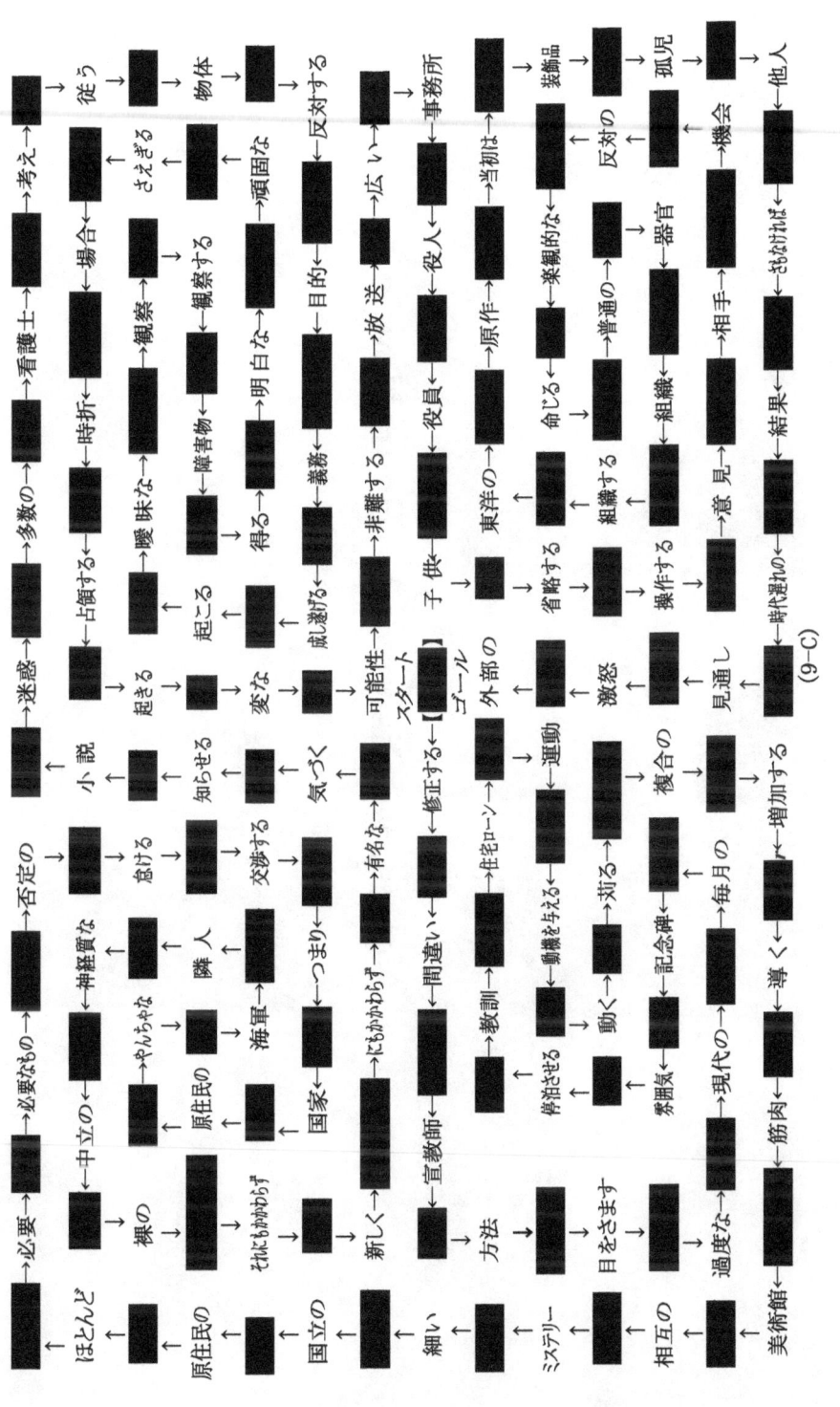

(9-C)

Notice. English words. Hear. Now.

particular→特定の→party→政党→pass→可決する perpetual→永続的な→persist→固執する→personality→人格→perspective→観点→phase
↑ ↓ ↑ ↓
参加する peer←奇妙な←peculiar←小作人 passage 許可する polish←政策←policy←詩人←poet←誓い←pledge 局面
↑ ↓ ↑ ↓ ↑ ↓ ↑ ↓
participate 仲間 patent→特許 peasant 通路 permit 磨く physical→肉体的な→pile→山→pity 喜び persuade
↑ ↓ ↑ ↓ ↑ ↓ ↑ ↓ ↑ ↓ ↑ ↓
部分的な penalty 我慢強い pause 支払い passenger 期間 polite 局面 planet←場所←place←哀れみ pleasure 説得する
↑ ↓ ↑ ↓ ↑ ↓ ↑ ↓ ↑ ↓ ↑ ↓
partial 刑罰 patient 立ち止まる→payment 乗客 period 丁寧な phrase 惑星→plant→食物→pleased→喜んでいる persevere
↑ ↓ ↑ ↓ ↑ ↓ ↑ ↓
駐車する penetrate 過去の←past←情熱←passion 行う political 写真←photograph←哲学者←philosopher←現象←phenomenon←反対する
↑ ↓ ↑ ↓
park 潜入する→peninsula→半島→perfectly→完璧に→perform 政治の→pollution→公害→ponder→熟考する→popular→人気のある→populate
スタート
↑ ↓
段落 overlook←克服する←overcome←の間←over←傑出した←【outstanding】積極的な←positive←部分←portion←人口←population←住む
ゴール
↑ ↓ ↓
paragraph 見逃す outline→概要→output→出力→oxidation 授与する possess 祈る→precaution→予防措置→precious→貴重な→precise
↑ ↓ ↑ ↓ ↑ ↓ ↑ ↓
逆説 overseas フクロウ pace←酸素←oxygen←酸化の present 所有する pray 貧困←poverty←注ぐ←pour 正確な
↑ ↓ ↑ ↓ ↑ ↓ ↑ ↓ ↑ ↓
paradox 海外で owl 歩く→package→包装する→pain 存在 possession いたずら practical→実践的な→practice つき裂く predict
↑ ↓ ↑ ↓ ↑ ↓ ↑ ↓ ↑ ↓
友達 overwhelming 所有者←owner←延滞の←overdue 痛み presence 所有 prank←ほめる←praise←練習をする pound 予想する
↑ ↓ ↑ ↓ ↑ ↓ ↑ ↓
pal 圧倒的な→owe→借りがある→own→所有する paint 用意された postage→郵便料金→postpone→延期する→potential→潜在的な prejudice
↑ ↓ ↑ ↓
友達←pardon←絵画←painting←画家←painter←描く prepared←心を奪われている←preoccupied←首相←premier←予備的な←preliminary←偏見

(10-A)

particular→[redacted]→party→[redacted]→pass→[redacted]　perpetual→[redacted]→persist→[redacted]→personality→[redacted]→perspective→[redacted]→phase

[redacted]　peer←[redacted]←peculiar←[redacted]　passage　[redacted]　polish←[redacted]←policy←[redacted]←poet←[redacted]←pledge　[redacted]

participate　[redacted]　patent→[redacted]　peasant　[redacted]　permit　[redacted]　physical→[redacted]→pile→[redacted]→pity　[redacted]　persuade

[redacted]　penalty　[redacted]　pause　[redacted]　passenger　[redacted]　polite　[redacted]　planet←[redacted]←place←[redacted]　pleasure　[redacted]

partial　[redacted]　patient　[redacted]→payment　[redacted]　period　[redacted]　phrase　[redacted]→plant→[redacted]→pleased→[redacted]　persevere

[redacted]　penetrate　[redacted]←past←[redacted]←passion　[redacted]　political　[redacted]←photograph←[redacted]←philosopher←[redacted]←phenomenon←[redacted]

park　[redacted]→peninsula→[redacted]→perfectly→[redacted]→perform　[redacted]→pollution→[redacted]→ponder→[redacted]→popular→[redacted]→populate

スタート

[redacted]　overlook←[redacted]←overcome←[redacted]←over←[redacted]←【outstanding】[redacted]←positive←[redacted]←portion←[redacted]←population←[redacted]

ゴール

paragraph　[redacted]　outline→[redacted]→output→[redacted]→oxidation　[redacted]　possess　[redacted]→precaution→[redacted]→precious→[redacted]→precise

[redacted]　overseas　[redacted]　pace←[redacted]←oxygen←[redacted]　present　[redacted]　pray　[redacted]←poverty←[redacted]←pour　[redacted]

paradox　[redacted]　owl　[redacted]→package→[redacted]→pain　[redacted]　possession　[redacted]　practical→[redacted]→practice　[redacted]　predict

[redacted]　overwhelming　[redacted]←owner←[redacted]←overdue　[redacted]　presence　[redacted]　prank←[redacted]←praise←[redacted]　pound　[redacted]

pal　[redacted]→owe→[redacted]→own→[redacted]　paint　[redacted]　postage→[redacted]→postpone→[redacted]→potential→[redacted]　prejudice

[redacted]←pardon←[redacted]←painting←[redacted]←painter←[redacted]　prepared←[redacted]←preoccupied←[redacted]←premier←[redacted]←preliminary←[redacted]

(10-B)

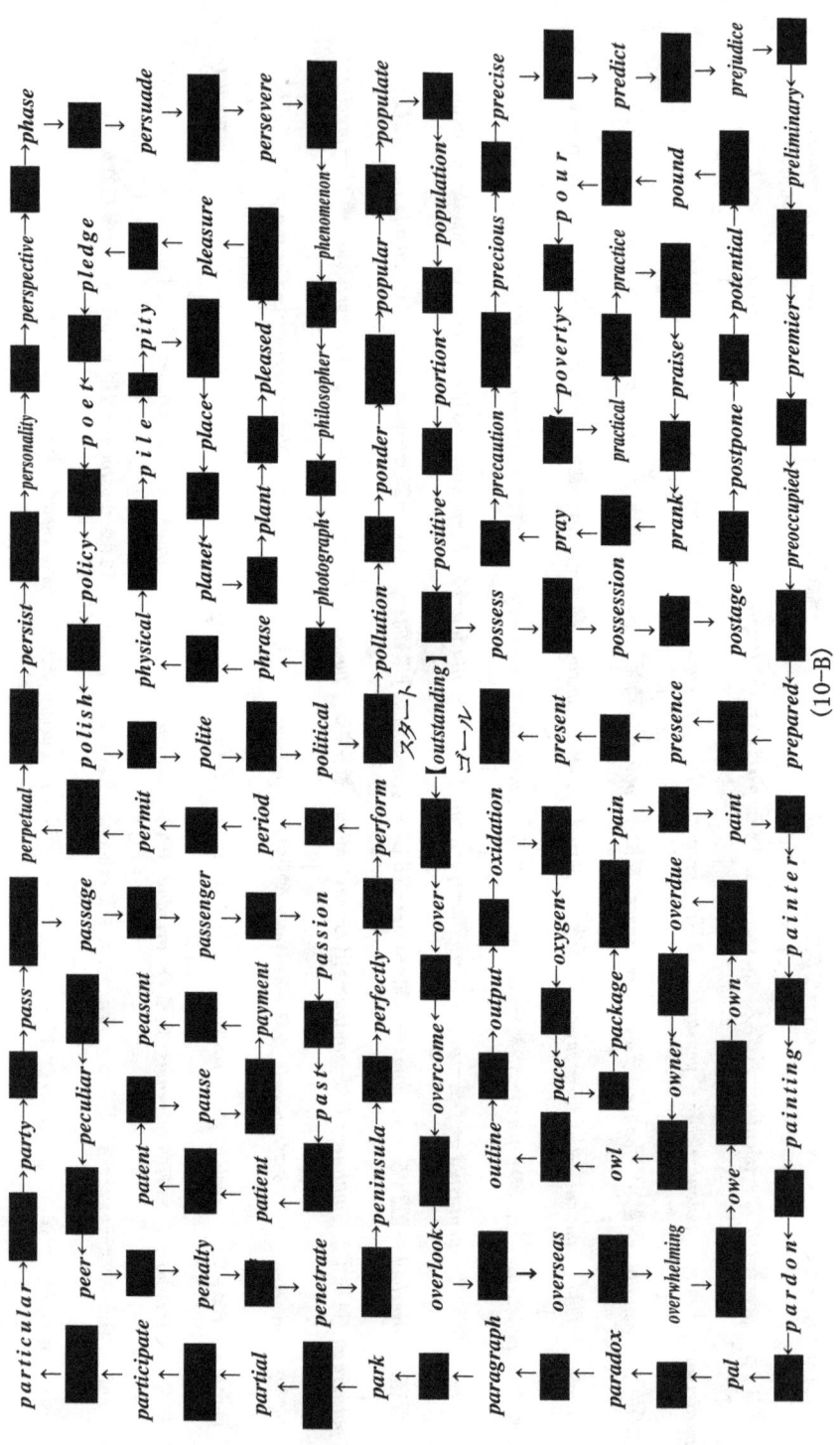

[redacted]→特定の→[redacted]→政党→[redacted]→可決する [redacted]→永続的な→[redacted]→固執する→[redacted]→人格→[redacted]→観点→[redacted]

参加する [redacted]←奇妙な←[redacted]←小作人 [redacted] 許可する [redacted]←政策←[redacted]←詩人←[redacted]←誓い←[redacted] 局面

[redacted] 仲間 [redacted]→[redacted] [redacted] 通 路 [redacted] 磨く [redacted]→肉体的な→[redacted]→山→[redacted] 喜び [redacted]

部分的な [redacted] 我慢強い [redacted] 支払い [redacted] 期間 [redacted] 局面 [redacted]←場所←[redacted]←哀れみ [redacted] 説得する

[redacted] 刑罰 [redacted] 立ち止まる→[redacted] 乗客 [redacted] 丁寧な [redacted] 惑星→[redacted]→食物→[redacted]→喜んでいる [redacted]

駐車する [redacted] 過去の←[redacted]←情熱←[redacted] 行う [redacted] 写 真←[redacted]←哲学者←[redacted]←現象←[redacted]←反対する

[redacted] 潜入する→[redacted]→半島→[redacted]→完璧に→[redacted] 政治の→[redacted]→公害→[redacted]→熟考する→[redacted]→人気のある→[redacted]

スタート

段落 [redacted]←克服する←[redacted]←の間←[redacted]←傑出した←【[redacted]】 積極的な←[redacted]←部分←[redacted]←人口←[redacted]←住む

ゴール

[redacted] 見逃す [redacted]→概要→[redacted]→出力→[redacted] 授与する [redacted] 祈る→[redacted]→予防措置→[redacted]→貴重な→[redacted]

逆説 [redacted] フクロウ [redacted]←酸素←[redacted]←酸化の [redacted] 所有する [redacted] 貧困←[redacted]←注ぐ←[redacted] 正確な

[redacted] 海外で [redacted] 歩く→[redacted]→包装する→[redacted] 存在 [redacted] いたずら [redacted]→実践的な→[redacted] つき裂く [redacted]

友達 [redacted] 所有者←[redacted]←延滞の←[redacted] 痛み [redacted] 所 有 [redacted]←ほめる←[redacted]←練習をする [redacted] 予想する

[redacted] 圧倒的な→[redacted]→借りがある→[redacted]→所 有 する [redacted] 用意された [redacted]→郵便料金→[redacted]→延期する→[redacted]→潜在的な→[redacted]

友達←[redacted]←絵画←[redacted]←画家←[redacted]←描く [redacted]←心を奪われている←[redacted]←首相←[redacted]←予備的な←[redacted]←偏見

(10-C)

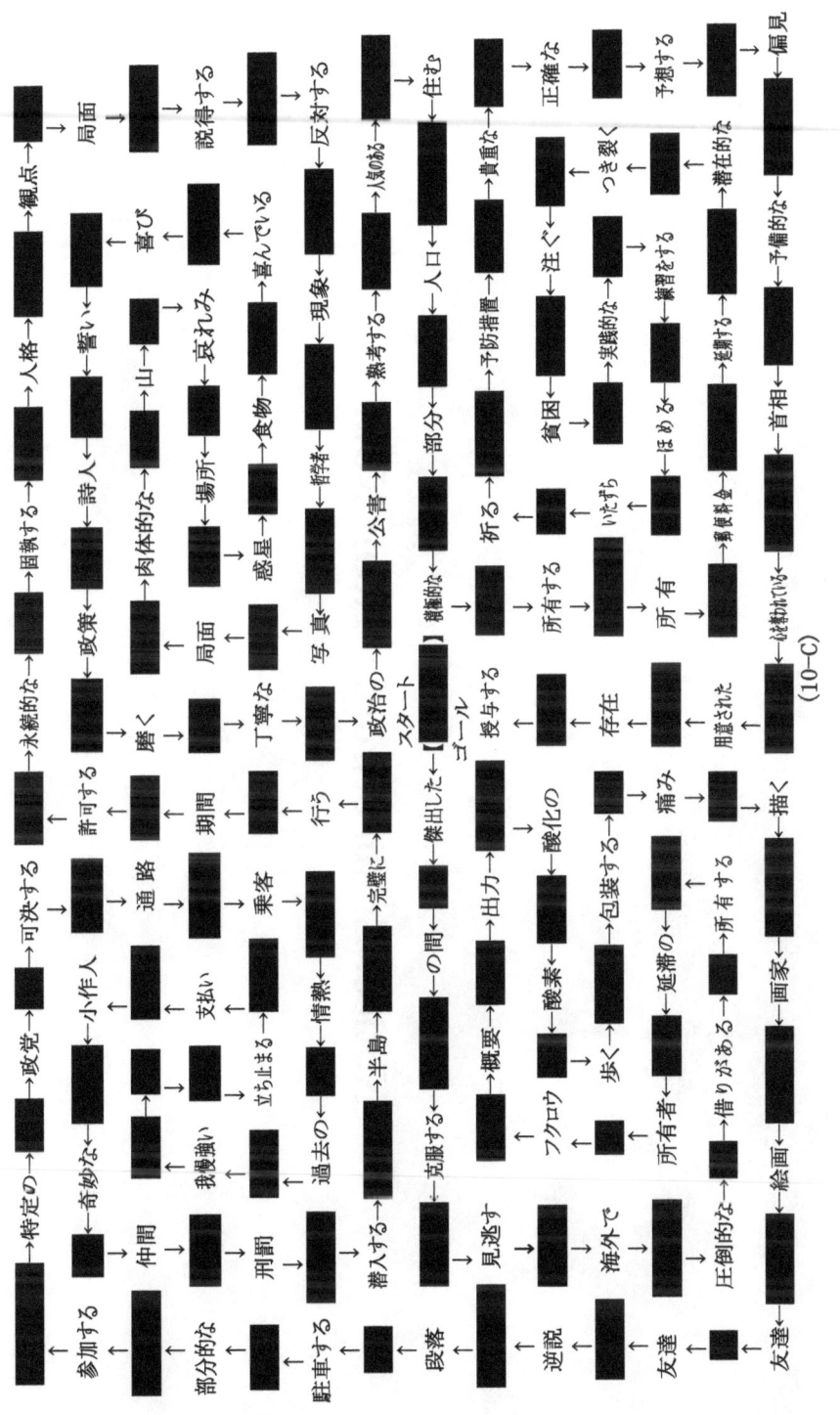

Notice. English words. Hear. Now.

profitable→儲かる→profound→意味深い→program→計画 prove→証明する→provide→与える→provincial→地方の→provoke→引き起こす→psychological

利益 property←適切に←proper←証拠 progress 自慢する quick←質問事項←questionnaire←引用する←quote←震える←quiver 心理的な

profit 財産 promising→有望な proof 進歩 proud 迅速な purse→ハンドバッグ→pursue→追跡する→quake やめる puddle

公的な proportion 目立った promote 迅速に prohibit 抗議する reduce 目的 quality←資格←qualification←地震 q u i t 水たまり

public 割合 prominent 昇進させる→promptly 禁じる protest 減らす purpose 品質→quarrel→口論する→quarter→四半期 punish

製品 proposal 延長する←prolong←計画←project 見通し race 買う←purchase←子 犬←puppy←児童←p u p i l←罰する

product 提案→propose→提案する→proposition→提案→prospect 人 種→racism→人種差別→raise→上げる→r a l l y→政治集会→railroad

スタート

生産する pretend←推定する←presume←授与する←president←維持する←【preserve】 激怒←r a g e←急進的な←radical←身代金←ransom←鉄道

ゴール

produce ふりをする prime→欠く→primitive→原始的な→principal 認める rapidly 思い出す→receive→受け取る→recently→最 近→recession

宣言する prevail 第一の prior←原理原則←principle←主要な recognize 速く recall 反応する←react←達する←reach 不況

proclaim 勝る primary 事前の→priority→優先→prisoner 調理法 rare 非常に real→本物の→reality 光線 reckless

加工する prevent 聖職者←priest←自慢←pride 囚人 recipe まれな really←了解する←realize←現 実 ray 向こう見ずな

process 妨げる→previous→前の→price→値段 private 勧める rather→かなり→rational→合理的な→r a w→生の rate

続行する←proceed←手続き←procedure←特権←privilege←私的な recommend←道理に合った←reasonable←収穫する←reap←快 く←readily←割合

(11-A)

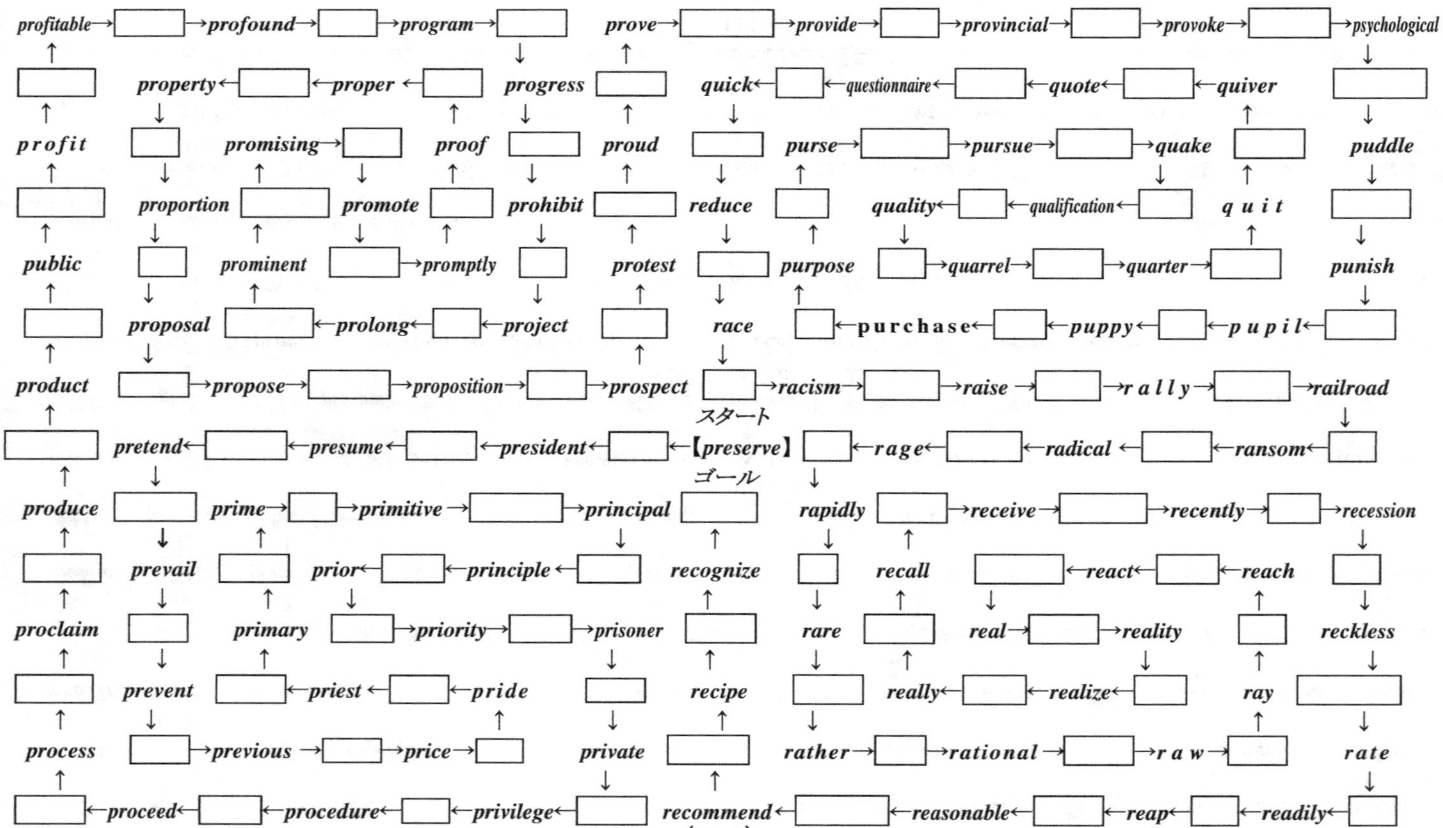
profitable
profound
program
prove
provide
provincial
provoke
psychological
property
proper
progress
quick
questionnaire
quote
quiver
profit
promising
proof
proud
purse
pursue
quake
puddle
proportion
promote
prohibit
reduce
quality
qualification
q u i t
public
prominent
promptly
protest
purpose
quarrel
quarter
punish
proposal
prolong
project
race
purchase
puppy
p u p i l
product
propose
proposition
prospect
racism
raise
r a l l y
railroad
スタート
pretend
presume
president
【preserve】
r a g e
radical
ransom
ゴール
produce
prime
primitive
principal
rapidly
receive
recently
recession
prevail
prior
principle
recognize
recall
react
reach
proclaim
primary
priority
prisoner
rare
real
reality
reckless
prevent
priest
pride
recipe
really
realize
ray
process
previous
price
private
rather
rational
r a w
rate
proceed
procedure
privilege
recommend
reasonable
reap
readily
(11–B)

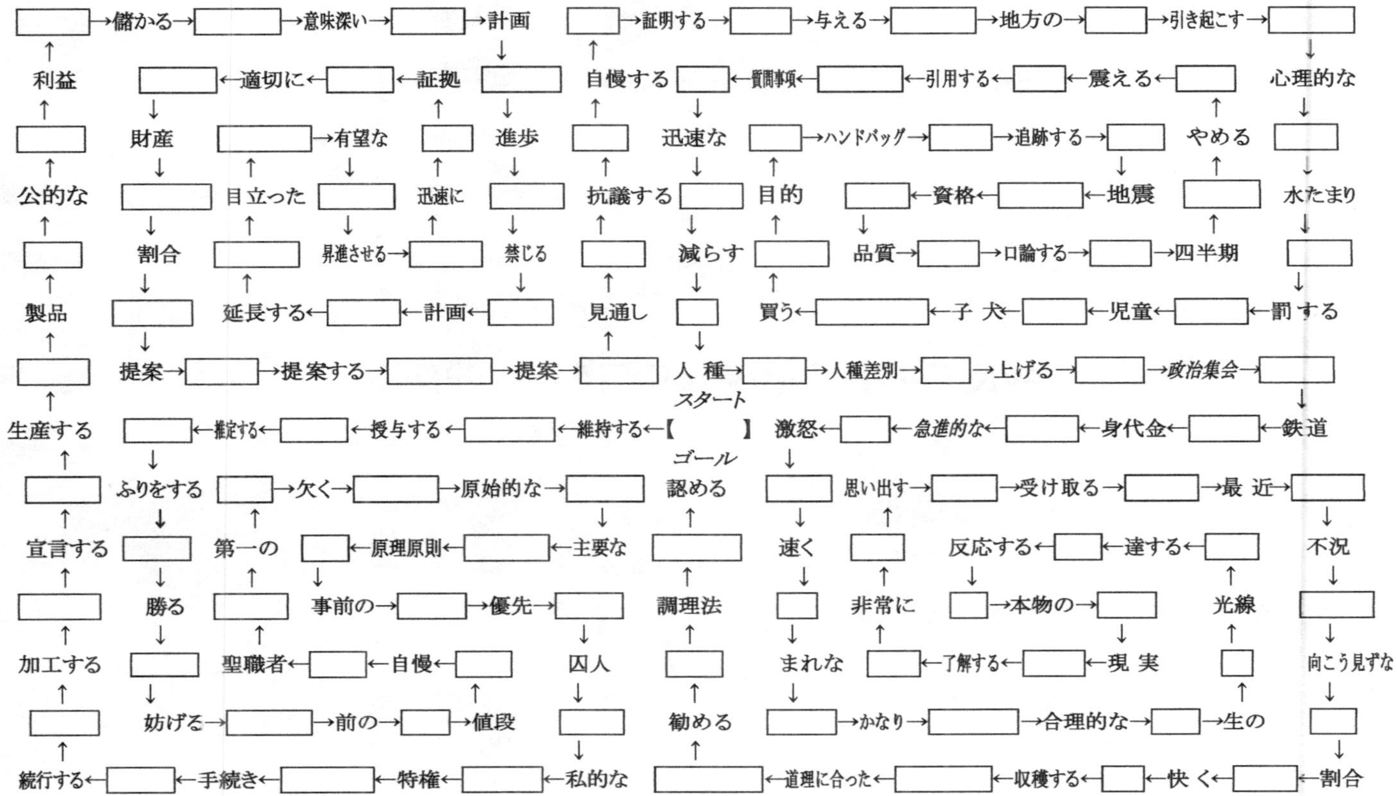
儲かる
意味深い
計画
証明する
与える
地方の
引き起こす
利益
適切に
証拠
自慢する
質問事項
引用する
震える
心理的な
財産
有望な
進歩
迅速な
ハンドバッグ
追跡する
やめる
公的な
目立った
迅速に
抗議する
目的
資格
地震
水たまり
割合
昇進させる
禁じる
減らす
品質
口論する
四半期
製品
延長する
計画
見通し
買う
子 犬
児童
罰する
提案
提案する
提案
人 種
人種差別
上げる
政治集会
スタート
生産する
推定する
授与する
維持する
【　　　】
激怒
急進的な
身代金
鉄道
ゴール
ふりをする
欠く
原始的な
認める
思い出す
受け取る
最 近
宣言する
第一の
原理原則
主要な
速く
反応する
達する
不況
勝る
事前の
優先
調理法
非常に
本物の
光線
加工する
聖職者
自慢
囚人
まれな
了解する
現 実
向こう見ずな
妨げる
前の
値段
勧める
かなり
合理的な
生の
続行する
手続き
特権
私的な
道理に合った
収穫する
快 く
割合

(11-C)

Notice. English words. Hear. Now.

reliable→信頼できる→relief→救済→relieve→和らげる　reputation→評判→request→依頼→require→要求する→rescue→救助→research

関連のある　rent←取り除く←remove←思い出させる　religion　共和国　restructure←制限する←restrict←返す←restore←責任←responsibility　研究

relevant　賃借する　remark→発言　remind　宗教　republic　再構築する　resistance→抵抗→resolve→解決する→resort　反応　resemble

法律の　repair　余り　remarkable　治療　religious　非難　result　抵抗する　respect←資金←resource←訴える　response　似ている

legal　修理する　remainder　際立った→remedy　信心深い　reproach　結果　resist　尊敬する→respectively→それぞれに→respond→反応する　resent

解放する　repeat　のままである←remain←しぶしぶの←reluctant　代表者　retain　辞任する←resign←移住者←resident←予約する←reserve←憤慨する

release　繰り返す→replace→交換する→reply→返答する→representative　保持する→retire→退職する→retreat→退去する→return→下す→reunion

スタート

比較的に　recycle←回復する←recover←和解させる←reconcile←勧める←【recommend】　歳入←revenue←仕返し←revenge←明らかにする←reveal←再会

ゴール

relatively　再生利用する　refuse→拒む→regain→取り戻す→regarding　噂　reverse　岩の→role→役割→room→余地→rotten

親戚　redundant　難民　region←政治体制←regime←に関して　rumor　逆　rocky　権利←right←ばかげている←ridiculous　腐った

relative　余分の　refugee　地域→register→登録する→regret　判決　review　強盗　rigid→厳格な→riot　あざ笑う　rough

関係　reference　慎む←refrain←改革者←reformer　残念に思う　ruling　調べる　robbery←マイル←rob←暴動　ridicule　荒れた

relationship　参考→refined→洗練された→reflect→反映する　regulation　支配者　revolt→暴動→revolutionary→革命の→reward→報いる　row

関係のある←related←怠惰な←reject←統治期間←reign←取り締まり　ruler←規則←rule←台無しにする←ruin←無作法な←rude←列

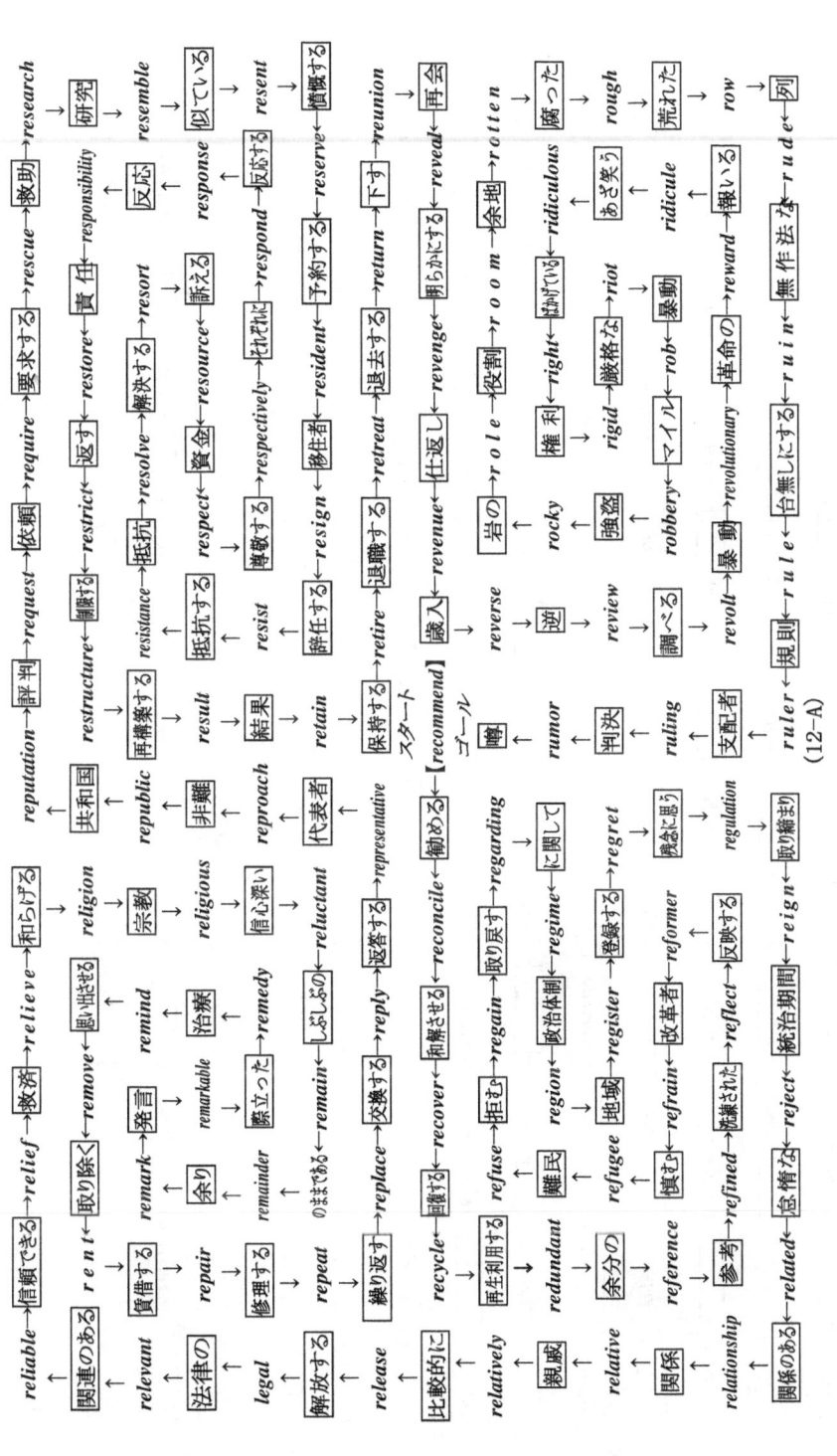

(12-A)

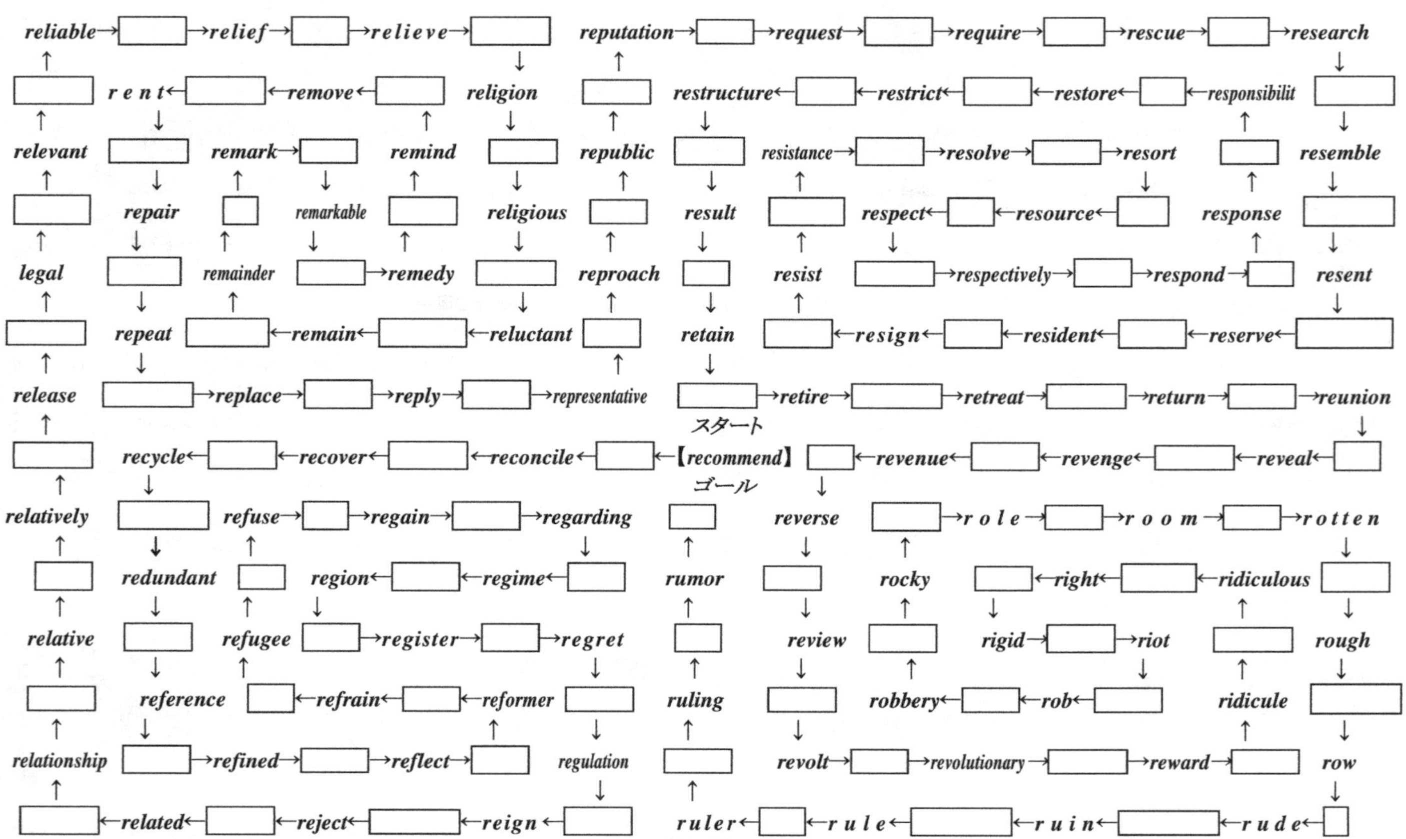
reliable relief relieve reputation request require rescue research
rent remove religion restructure restrict restore responsibilit
relevant remark remind republic resistance resolve resort resemble
repair remarkable religious result respect resource response
legal remainder remedy reproach resist respectively respond resent
repeat remain reluctant retain resign resident reserve
release replace reply representative retire retreat return reunion
スタート
recycle recover reconcile 【recommend】 revenue revenge reveal
ゴール
relatively refuse regain regarding reverse role room rotten
redundant region regime rumor rocky right ridiculous
relative refugee register regret review rigid riot rough
reference refrain reformer ruling robbery rob ridicule
relationship refined reflect regulation revolt revolutionary reward row
related reject reign ruler rule ruin rude
(12-B)

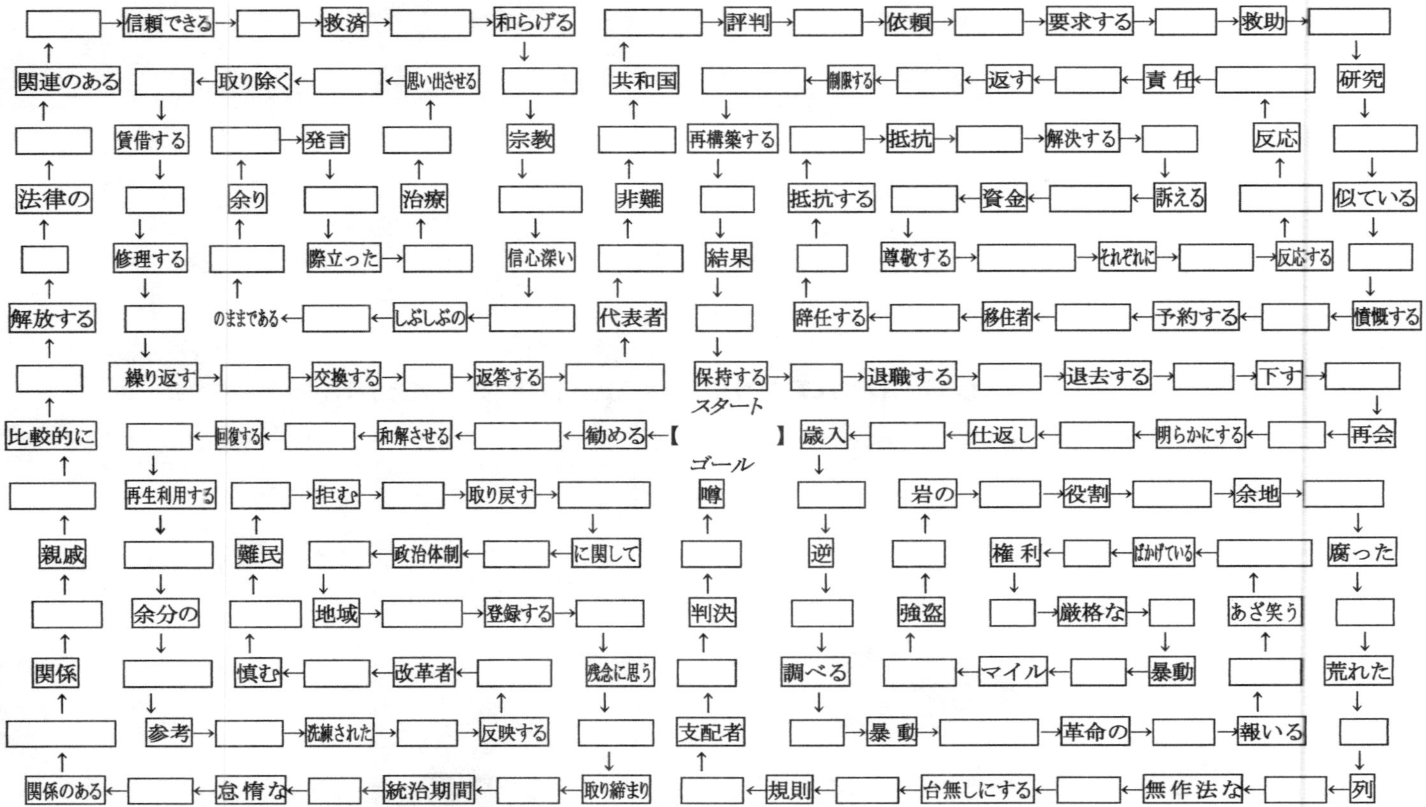
信頼できる
救済
和らげる
評判
依頼
要求する
救助
関連のある
取り除く
思い出させる
共和国
制限する
返す
責 任
研究
賃借する
発言
宗教
再構築する
抵抗
解決する
反応
法律の
余り
治療
非難
抵抗する
資金
訴える
似ている
修理する
際立った
信心深い
結果
尊敬する
それぞれに
反応する
解放する
のままである
しぶしぶの
代表者
辞任する
移住者
予約する
憤慨する
繰り返す
交換する
返答する
保持する
退職する
退去する
下す
スタート
比較的に
回復する
和解させる
勧める
【 】
歳入
仕返し
明らかにする
再会
ゴール
再生利用する
拒む
取り戻す
噂
岩の
役割
余地
親戚
難民
政治体制
に関して
逆
権 利
ばかげている
腐った
余分の
地域
登録する
判決
強盗
厳格な
あざ笑う
関係
慎む
改革者
残念に思う
調べる
マイル
暴動
荒れた
参考
洗練された
反映する
支配者
暴 動
革命の
報いる
関係のある
怠 惰 な
統治期間
取り締まり
規則
台無しにする
無 作 法 な
列
(12-C)

Notice. English words. Hear. Now.

scratch→ひっかく→*scream*→悲鳴を上げる→*sculpture*→彫刻 *sermon*→説法→*separately*→別々に→*servant*→使用人→*serve*→出す→*session*

軽蔑 *senior*←上院議員←*senator*←利己的な *search* 軍曹 *shrine*←金切り声←*shriek*←鋭敏な←*shrewd*←にわか雨←*shower* 会合

scorn 年上で *seek*→捜す *selfish* 捜す *sergeant* 神 社 *shed*→小屋→*shelter*→避難所→*shepherd* 叫ぶ *sew*

叱る *sensible* 拘束する *seldom* 選択 *second* 別々の *sigh* 鋭く *shoplift*←輝く←*shine*←羊使い *shout* 縫う

scold 思慮のある *seize* めったに何々しない→*selection* 秒 *separate* ため息をつく *sharply* 万引きをする→*shopper*→買い物客→*shortly*→すぐに *shake*

科学者 *sensibly* 部課←*section*←秘書←*secretary* 感情 *sight* 分ける←*share*←形作る←*shape*←恥をかかせる←*shame*←振る

scientist 賢明に→*sensitive*→敏感な→*sentence*→文→*sentiment* 見ること→*sightseeing*→観光→*signature*→署名→*silly*→馬鹿な→*silo*

スタート

科学 *recycle*←速く走る←*rush*←いなかの←*rural*←運営する←【*run*】 沈む←*sink*←誠実な←*sincere*←類似の←*similar*←格納庫

ゴール

science 再生利用する *satisfied*→満足した→*saucer*→受け皿→*savage* 太陽の *site* ずる賢い→*smell*→最小にする→*smuggler*→密輸者→*snarl*

学者 *sack* 風刺 *saying*←荷物←*satellite*←残忍な *solar* 用地 *sly* 奴隷←*slave*←虐殺する←*slaughter* がみがみ言う

scholar 袋 *satire* ことわざ→*scandal*→不祥事→*scar* 土壌 *situation* 滑りやすい *sleepy*→眠い→*sleeve* ピシャリとうつ *sneak*

計画 *sacred* 皮肉な←*sarcastic*←制 裁←*sanction* 傷跡 *soil* 状況 *slippery*←少し←*slightly*←そで *slap* こそこそと入る

scheme 神聖な→*sacrifice*→犠牲にする→*salary*→給料 *scarcely* 社会学 *skid*→横滑り→*skillful*→巧みな→*skip*→単に *soar*

風景←*scenery*←まき散らす←*scatter*←嫌がらせる←*scare*←ほとんど何々ない *sociology*←社会主義←*socialism*←社会的な←*social*←すすり泣く←*sob*←高く上がる

(13-A)

scratch→[redacted]→scream→[redacted]→sculpture→[redacted] sermon→[redacted]→separately→[redacted]→servant→[redacted]→serve→[redacted]→session

[redacted] senior←[redacted]←senator←[redacted] search [redacted] shrine←[redacted]←shriek←[redacted]←shrewd←[redacted]←shower [redacted]

scorn [redacted] seek→[redacted] selfish [redacted] sergeant [redacted] shed→[redacted]→shelter→[redacted]→shepherd [redacted] sew

[redacted] sensible [redacted] seldom [redacted] second [redacted] sigh [redacted] shoplift←[redacted]←shine←[redacted] shout [redacted]

scold [redacted] seize [redacted]→selection [redacted] separate [redacted] sharply [redacted]→shopper→[redacted]→shortly→[redacted] shake

[redacted] sensibly [redacted]←section←[redacted]←secretary [redacted] sight [redacted]←share←[redacted]←shape←[redacted]←shame←[redacted]

scientist [redacted]→sensitive→[redacted]→sentence→[redacted]→sentiment [redacted]→sightseeing→[redacted]→signature→[redacted]→silly→[redacted]→silo

スタート

[redacted] recycle←[redacted]←rush←[redacted]←rural←[redacted]←【run】 [redacted]←sink←[redacted]←sincere←[redacted]←similar←[redacted]

ゴール

science [redacted] satisfied→[redacted]→saucer→[redacted]→savage [redacted] site [redacted]→smell→[redacted]→smuggler→[redacted]→snarl

[redacted] sack [redacted] saying←[redacted]←satellite←[redacted] solar [redacted] sly [redacted]←slave←[redacted]←slaughter [redacted]

scholar [redacted] satire [redacted]→scandal→[redacted]→scar [redacted] situation [redacted] sleepy→[redacted]sleeve [redacted] sneak

[redacted] sacred [redacted]←sarcastic←[redacted]←sanction [redacted] soil [redacted] slippery←[redacted]←slightly←[redacted] slap [redacted]

scheme [redacted]→sacrifice→[redacted]→salary→[redacted] scarcely [redacted] skid→[redacted]→skillful→[redacted]→skip→[redacted] soar

[redacted]←scenery←[redacted]←scatter←[redacted]←scare←[redacted] sociology←[redacted]←socialism←[redacted]←social←[redacted]←sob←[redacted]

(13-B)

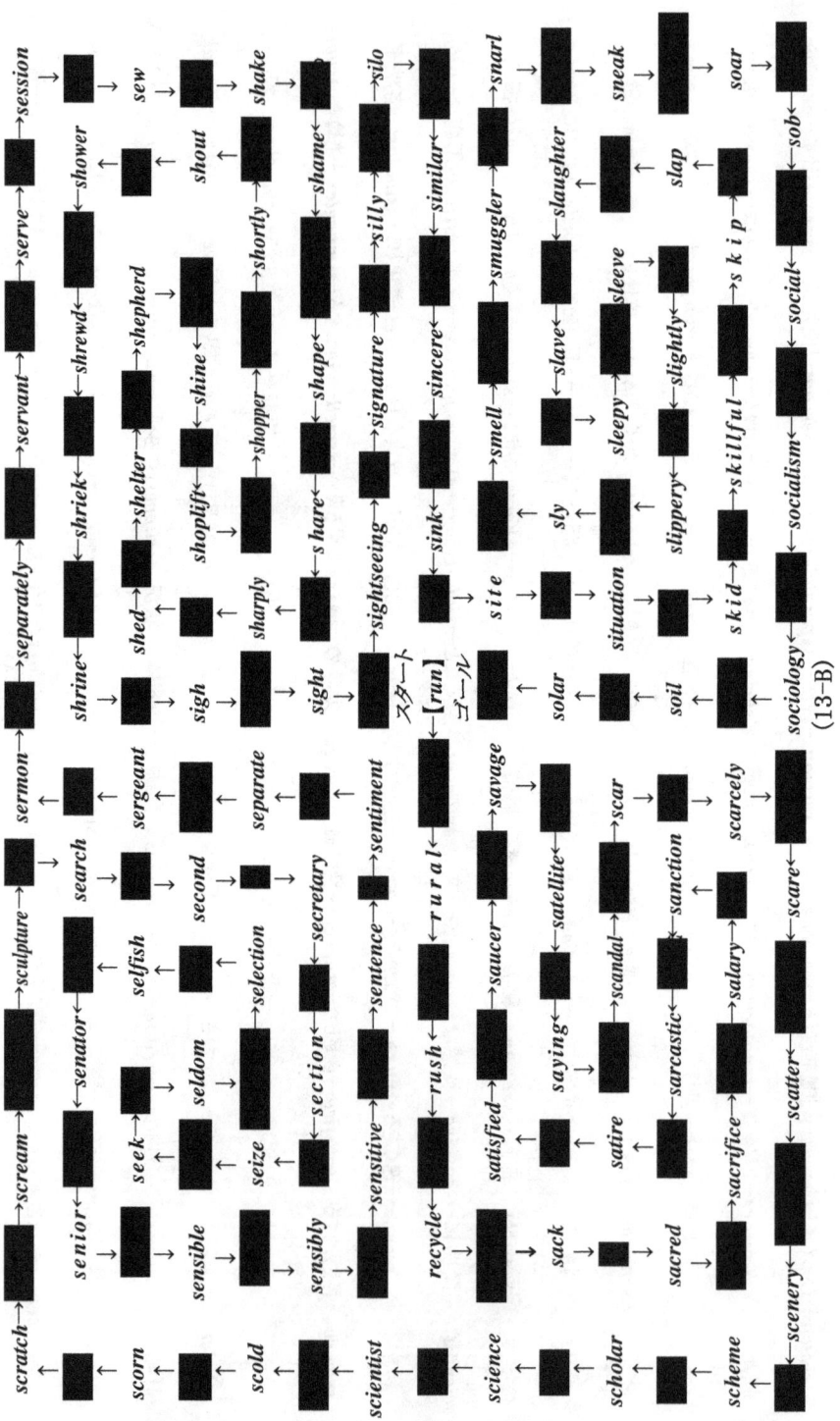

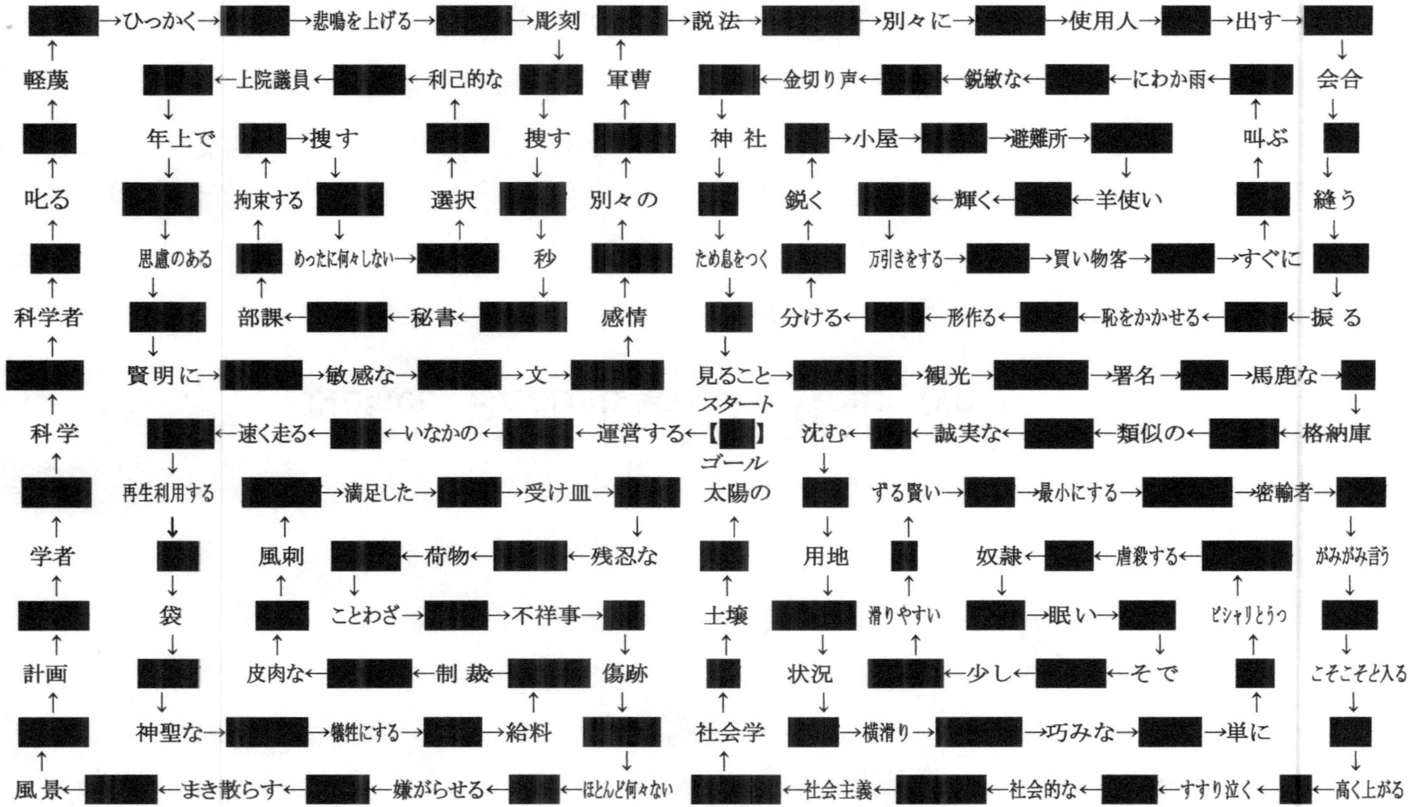
ひっかく
悲鳴を上げる
彫刻
説 法
別々に
使用人
出す
軽蔑
上院議員
利己的な
軍曹
金切り声
鋭敏な
にわか雨
会合
年上で
捜す
捜す
神 社
小屋
避難所
叫ぶ
叱る
拘束する
選択
別々の
鋭く
輝く
羊使い
縫う
思慮のある
めったに何々しない
秒
ため息をつく
万引きをする
買い物客
すぐに
科学者
部課
秘書
感情
分ける
形作る
恥をかかせる
振 る
賢明に
敏感な
文
見ること
観光
署名
馬鹿な
スタート
科 学
速く走る
いなかの
運営する
【】
沈む
誠実な
類似の
格納庫
ゴール
再生利用する
満足した
受け皿
太陽の
ずる賢い
最小にする
密輸者
学者
風刺
荷物
残忍な
用地
奴隷
虐殺する
がみがみ言う
袋
ことわざ
不祥事
土壌
滑りやすい
眠い
ピシャリとうつ
計画
皮肉な
制 裁
傷跡
状況
少し
そ で
こそこそと入る
神聖な
犠牲にする
給料
社会学
横滑り
巧みな
単に
風 景
まき散らす
嫌がらせる
ほとんど何々ない
社会主義
社会的な
すすり泣く
高く上がる
(13-C)

Notice. English words. Hear. Now.

stand→耐える→stare→じっと見る→startle→びっくりさせる　strict→厳しく→strife→争い→strike→打つ→strive→努力する→struggle

↑ ↓ ↑ ↓

階段　steer←鋼鉄←steel←盗む　state　奇妙な　strengthen←必要十分な←sufficient←苦悩←suffering←苦痛を経験する←suffer　もがく

↑ ↓ ↑ ↓ ↑ ↓ ↑ ↓

stairs　導く　statue→地位　steal　状態　strange　強くなる　submit→提出する→substantial→実体のある→subtle　突然の　stubborn

↑ ↓ ↑ ↓ ↑ ↓ ↑ ↓ ↑ ↓ ↑ ↓

舞台　stepsister　統計　stay　着実な　starve　引っぱる　suggest　屈服　subway←郊外←suburb←かすかな　sudden　頑固な

↑ ↓ ↑ ↓ ↑ ↓ ↑ ↓ ↑ ↓ ↑ ↓

stage　異母姉妹　statistics　とどまる→steady　飢える　strain　提案する　submission　地下鉄→success→成功→succession→連続　stuck

↑ ↓ ↑ ↓ ↑ ↓ ↑ ↓

だめにする　stepson　政治家←statement←明言する←state　丈夫な　suit　話題←subject←馬鹿な←stupid←つまずく←stumble←動かない

↑ ↓ ↑ ↓

spoil　義理の息子→stimulating→刺激的な→stormy→嵐の→stout　都合がより→suited→適した→sum→金額→summarize→要約する→superb

スタート

↑ ↓

安定した　solution←確固とした←solid←真剣な←solemn←兵士←【soldier】　監督者←supervisor←迷信←superstition←超大国←superpower←素晴らしい

ゴール

↑ ↓ ↓

stable　解決　source→源→spacecraft→宇宙船→spare　制度　supply　生き残る→suspect→疑う→suspend→一時中止する→suspicious

↑ ↓ ↑ ↓ ↑ ↓ ↑ ↓

広場　solve　聞こえる　specific←種←species←惜しむ　system　供給　survive　降伏する←surrender←黒字←surplus　疑い深い

↑ ↓ ↑ ↓ ↑ ↓ ↑ ↓ ↑ ↓

square　解く　sound　特定の→spectacular→壮観な→spectator　同情　support　調査　surround→取り囲む→surroundings　越える　sustain

↑ ↓ ↑ ↓ ↑ ↓ ↑ ↓ ↑ ↓

広がる　somehow　悲しみ←sorrow←大学2年生←sophomore　観客　sympathy　支援　survey←監視←surveillance←環境　surpass　維持する

↑ ↓ ↑ ↓ ↑ ↓ ↑ ↓

spread　何とか→somewhat→ある程度→sophisticated→洗練された　spill　素早い　supporter→慈悲→suppose→単なる→suppress→抑える　swallow

↑ ↓ ↑ ↓

だめにさせる←spoil←分裂させる←split←素晴らしい←splendid←こぼす　swift←汗←sweat←ののしる←swear←沼地←swamp←飲み込む

(14-A)

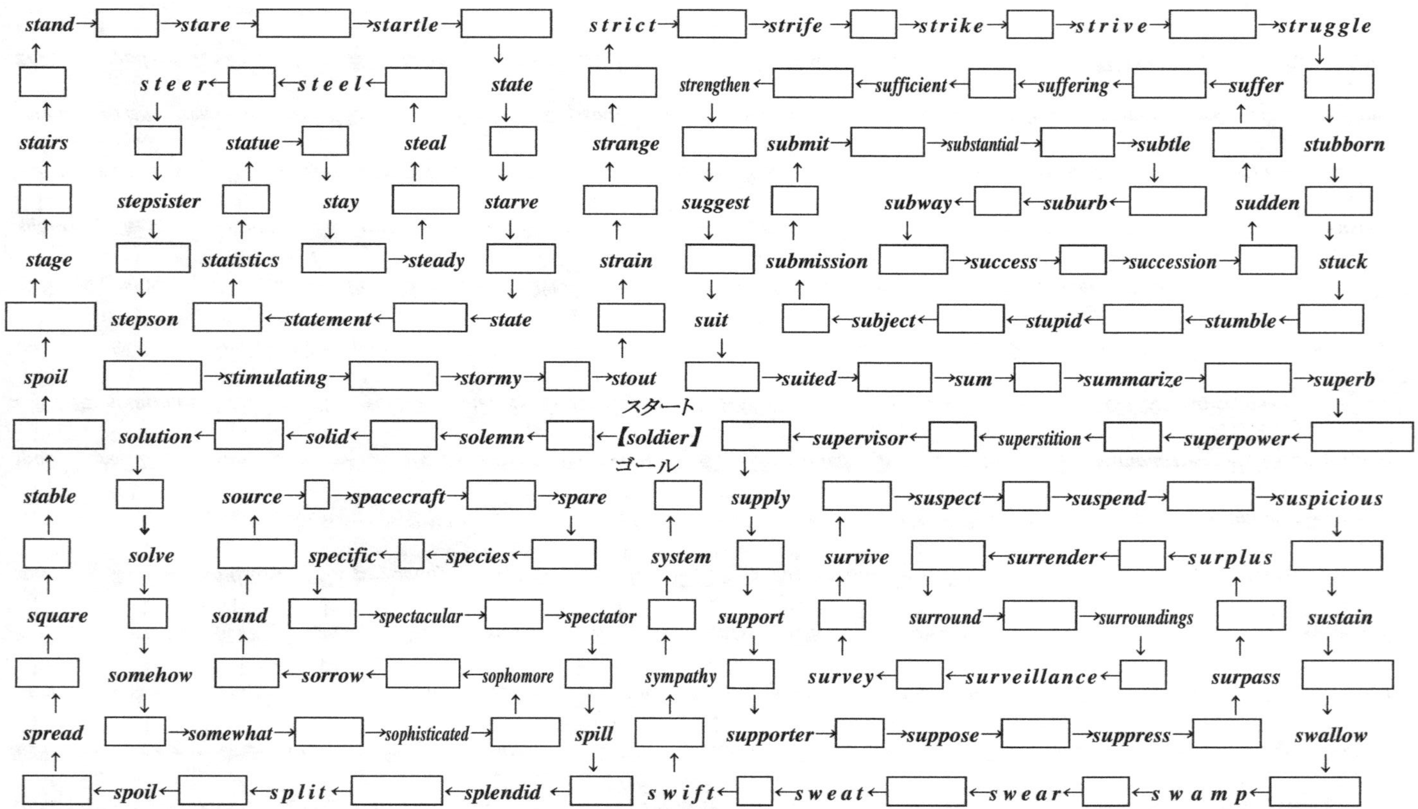
stand stare startle strict strife strike strive struggle
steer steel state strengthen sufficient suffering suffer
stairs statue steal strange submit substantial subtle stubborn
stepsister stay starve suggest subway suburb sudden
stage statistics steady strain submission success succession stuck
stepson statement state suit subject stupid stumble
spoil stimulating stormy stout suited sum summarize superb
スタート
solution solid solemn 【soldier】 supervisor superstition superpower
ゴール
stable source spacecraft spare supply suspect suspend suspicious
solve specific species system survive surrender surplus
square sound spectacular spectator support surround surroundings sustain
somehow sorrow sophomore sympathy survey surveillance surpass
spread somewhat sophisticated spill supporter suppose suppress swallow
spoil split splendid swift sweat swear swamp

(14-B)

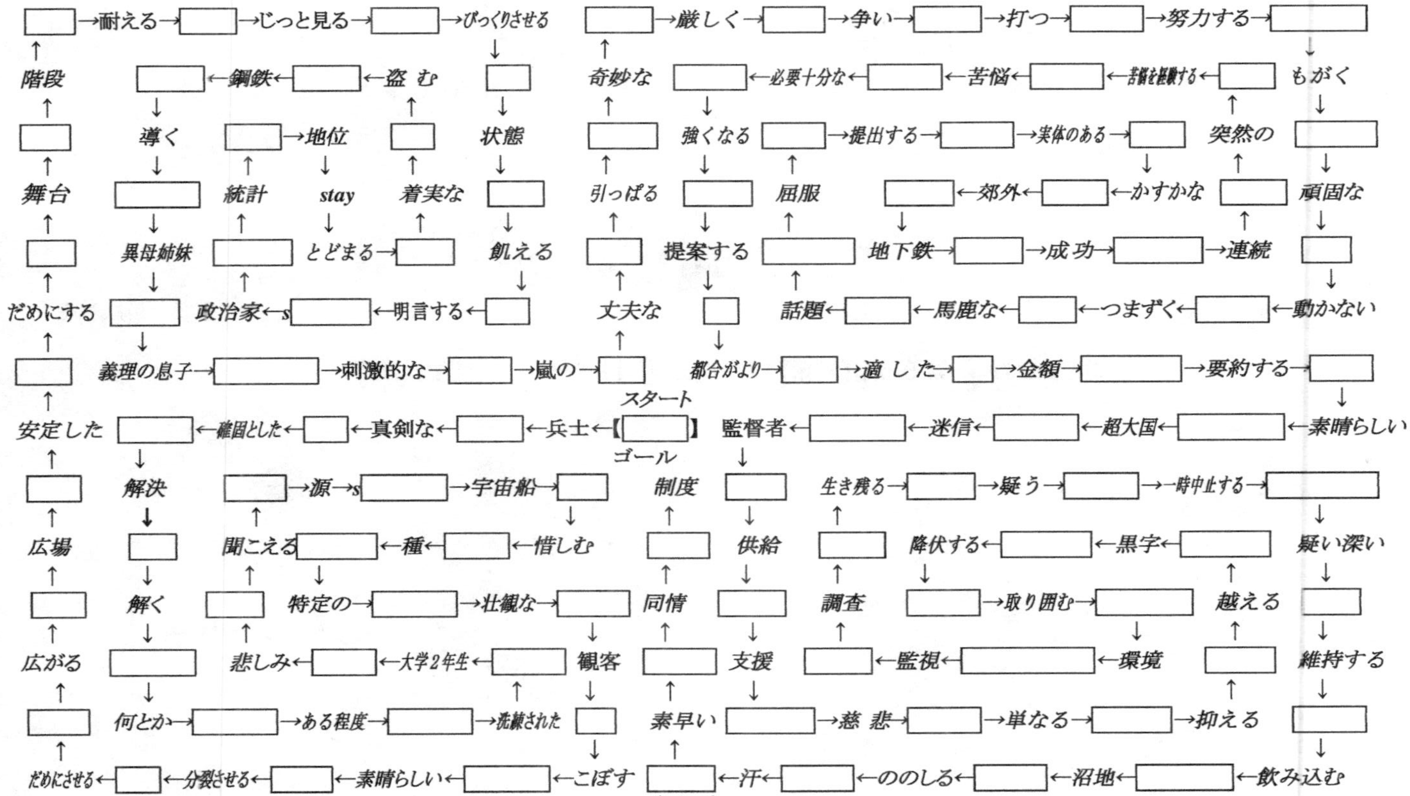
耐える
じっと見る
びっくりさせる
厳しく
争い
打つ
努力する
階段
鋼鉄
盗む
奇妙な
必要十分な
苦悩
もがく
導く
地位
状態
強くなる
提出する
実体のある
突然の
舞台
統計
stay
着実な
引っぱる
屈服
郊外
かすかな
頑固な
異母姉妹
とどまる
飢える
提案する
地下鉄
成功
連続
だめにする
政治家
s
明言する
丈夫な
話題
馬鹿な
つまずく
動かない
義理の息子
刺激的な
嵐の
都合がよい
適した
金額
要約する
スタート
安定した
確固とした
真剣な
兵士
監督者
迷信
超大国
素晴らしい
ゴール
解決
源
s
宇宙船
制度
生き残る
疑う
一時中止する
広場
聞こえる
種
惜しむ
供給
降伏する
黒字
疑い深い
解く
特定の
壮観な
同情
調査
取り囲む
越える
広がる
悲しみ
大学2年生
観客
支援
監視
環境
維持する
何とか
ある程度
洗練された
素早い
慈悲
単なる
抑える
だめにさせる
分裂させる
素晴らしい
こぼす
汗
ののしる
沼地
飲み込む

(14-C)

Notice. English words. Hear. Now.

thesis→論文→*thick*→濃密な→*thorough*→完全な　*tone*→調子→*tool*→道具→*torture*→拷問→*totally*→完全に→*tough*

温度計　*tired*←とてもちっぽけな←*tiny*←臆病な　*thoughtful*　完全な　*trash*←計略←*trap*←輸送する←*transport*←見え透いた←*transparent*　困難な

thermometer　疲れた　*thus*→それ故に　*timid*　思いやりのある　*total*　ゴミ　*tragic*→悲劇的な→*train*→問題→*tranquil*　送信する　*tourist*

それゆえに　*tiring*　雷鳴　*tightly*　時代　*threat*　許容する　*treasure*　往来　*transfer*←取引←*transaction*←静かな　*transmit*　観光客

therefore　疲れるような　*thunder*　しっかりと→*times*　脅威　*tolerate*　宝物　*traffic*　移転させる→*transformation*→変化→*translate*→翻訳する　*toward*

主題　*toast*　王位←*throne*←脅かす←*threaten*　しるし　*treat*　伝統←*tradition*←貿易←*trade*←跡形←*trace*←向かって

theme　乾杯→*toddler*→よちよち歩く人→*toil*→つらい労働をする→*token*　扱う→*treatment*→治療→*treaty*→条約→*tremble*→震える→*trial*

スタート

盗み　*task*←関税←*tariff*←目標←*target*←たたく←【*tap*】　兆←*trillion*←些細なこと←*trifle*←部族←*tribe*←裁判

ゴール

theft　仕事　*temper*→気性→*temperature*→温度→*temple*　正体不明の　*triumph*　典型的な→*ugly*→醜い→*ultimate*→究極の→*umpire*

証言　*tactics*　電報　*temptation*←荷物←*temporarily*←寺　*unidentified*　商品　*typical*　電子レンジ←*trust*←ズボン←*trousers*　審判

testimony　戦術　*telegram*　木材→*term*→後者→*terrible*　残念なことに　*trivial*　展開　*truth*→真理→*tune*　修理係　*uncertain*

テロの行為　*tale*　科学技術←*technology*←おそれさせる←*terrify*　長さ　*unfortunately*　ささいな　*twist*←順番←*turn*←曲　*troubleshooter*　確信がない

terrorism　話→*talent*→才能→*talks*→交渉　*terrific*　馴染みがない　*troop*→軍隊→*trot*→素足で歩く→*trouble*→単に　*unanimous*

恐怖←*terror*←領土←*territory*←おそれさせる←*terrify*←素晴らしい　*unfamiliar*←予期せぬ←*unexpected*←地下←*underground*←経験する←*undergo*←全員一致の

(15-A)

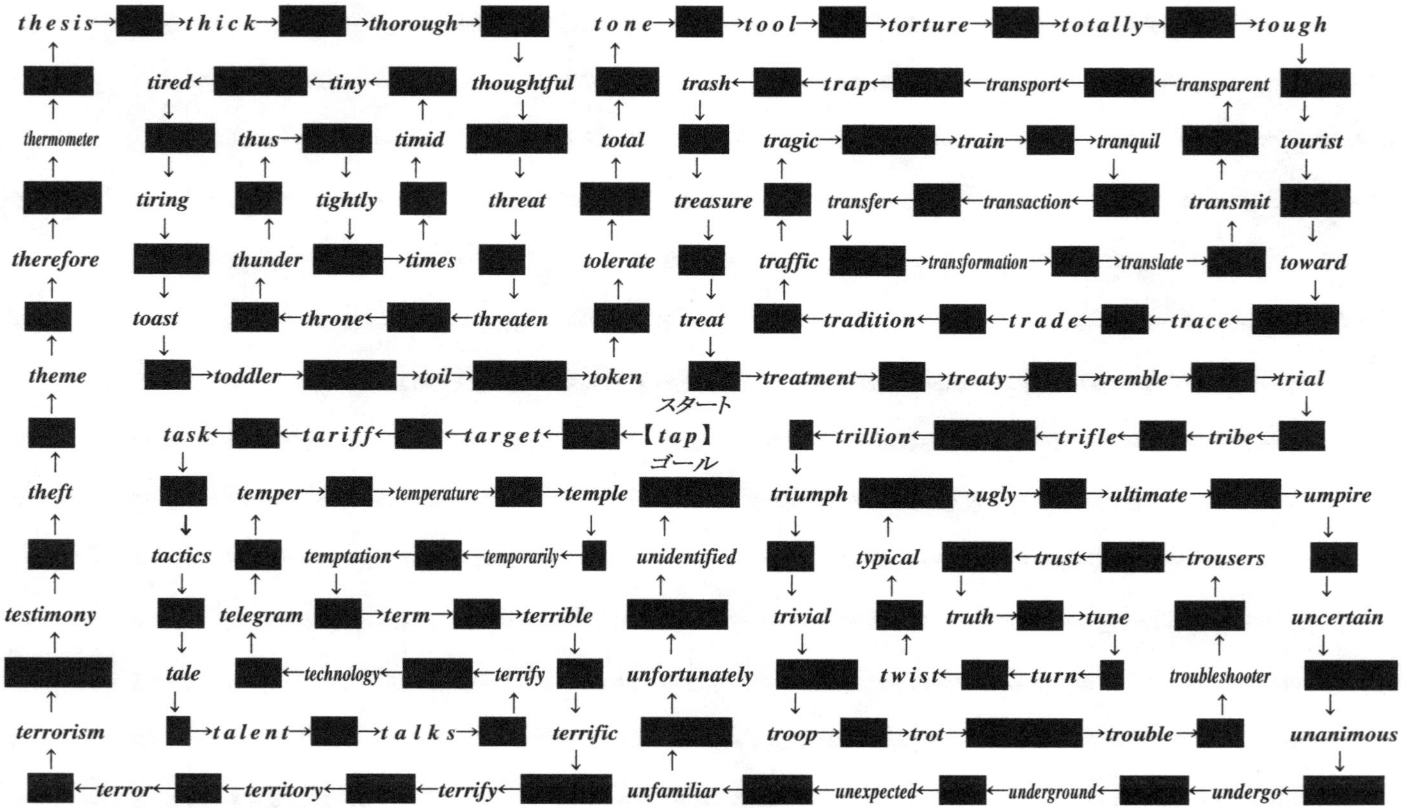
thesis thick thorough tone tool torture totally tough
tired tiny thoughtful trash trap transport transparent
thermometer thus timid total tragic train tranquil tourist
tiring tightly threat treasure transfer transaction transmit
therefore thunder times tolerate traffic transformation translate toward
toast throne threaten treat tradition trade trace
theme toddler toil token treatment treaty tremble trial
スタート
task tariff target 【tap】 trillion trifle tribe
ゴール
theft temper temperature temple triumph ugly ultimate umpire
tactics temptation temporarily unidentified typical trust trousers
testimony telegram term terrible trivial truth tune uncertain
tale technology terrify unfortunately twist turn troubleshooter
terrorism talent talks terrific troop trot trouble unanimous
terror territory terrify unfamiliar unexpected underground undergo

(15-B)

[redacted]→論文→[redacted]→濃密な→[redacted]→完全な　[redacted]→調子→[redacted]→道具→[redacted]→拷問→[redacted]→完全に→[redacted]

温度計　[redacted]←とてもちっぽけな←[redacted]←臆病な　[redacted]　完全な　[redacted]←計略←[redacted]←輸送する←[redacted]←見え透いた←[redacted]　困難な

[redacted]　疲れた　[redacted]→それ故に　[redacted]　思いやりのある　[redacted]　ゴミ　[redacted]→悲劇的な→[redacted]→問題→[redacted]　送信する　[redacted]

それゆえに　[redacted]　雷鳴　[redacted]　時代　[redacted]　許容する　[redacted]　往来　[redacted]←取引←[redacted]←静かな　[redacted]　観光客

[redacted]　疲れるような　[redacted]　しっかりと→[redacted]　脅威　[redacted]　宝物　[redacted]　移転させる→[redacted]→変化→[redacted]→翻訳する　[redacted]

主題　[redacted]　王位←[redacted]←脅かす←[redacted]　しるし　[redacted]　伝統←[redacted]←貿易←[redacted]跡形←[redacted]←向かって

[redacted]　乾杯→[redacted]→よちよち歩く人→[redacted]→つらい労働をする→[redacted]　扱う→[redacted]→治療→[redacted]→条約→[redacted]→震える→[redacted]

スタート

盗み　[redacted]←関税←[redacted]←目標←[redacted]←たたく←【[redacted]】　兆←[redacted]←些細なこと←[redacted]←部族←[redacted]←裁判

ゴール

[redacted]　仕事　[redacted]→気性→[redacted]→温度→[redacted]　正体不明の　[redacted]　典型的な→[redacted]→醜い→[redacted]→究極の→[redacted]

証言　[redacted]　電報　[redacted]←荷物←[redacted]←寺　[redacted]　商品　[redacted]　電子レンジ←[redacted]←ズボン←[redacted]　審判

[redacted]　戦術　[redacted]　木材→[redacted]→後者→[redacted]　残念なことに　[redacted]　展開　[redacted]→真理→[redacted]　修理係　[redacted]

テロの行為　[redacted]　科学技術←[redacted]←おそれさせる←[redacted]　長さ　[redacted]　ささいな　[redacted]←順番←[redacted]←曲　[redacted]　確信がない

[redacted]　話→[redacted]→才能→[redacted]→交渉　[redacted] c　馴染みがない　[redacted]→軍隊→[redacted]→素足で歩く→[redacted]→単に　[redacted]

恐怖←[redacted]←領土←[redacted]←おそれさせる←[redacted]←素晴らしい　[redacted]←予期せぬ←[redacted]←地下←[redacted]←経験する←[redacted]←全員一致の

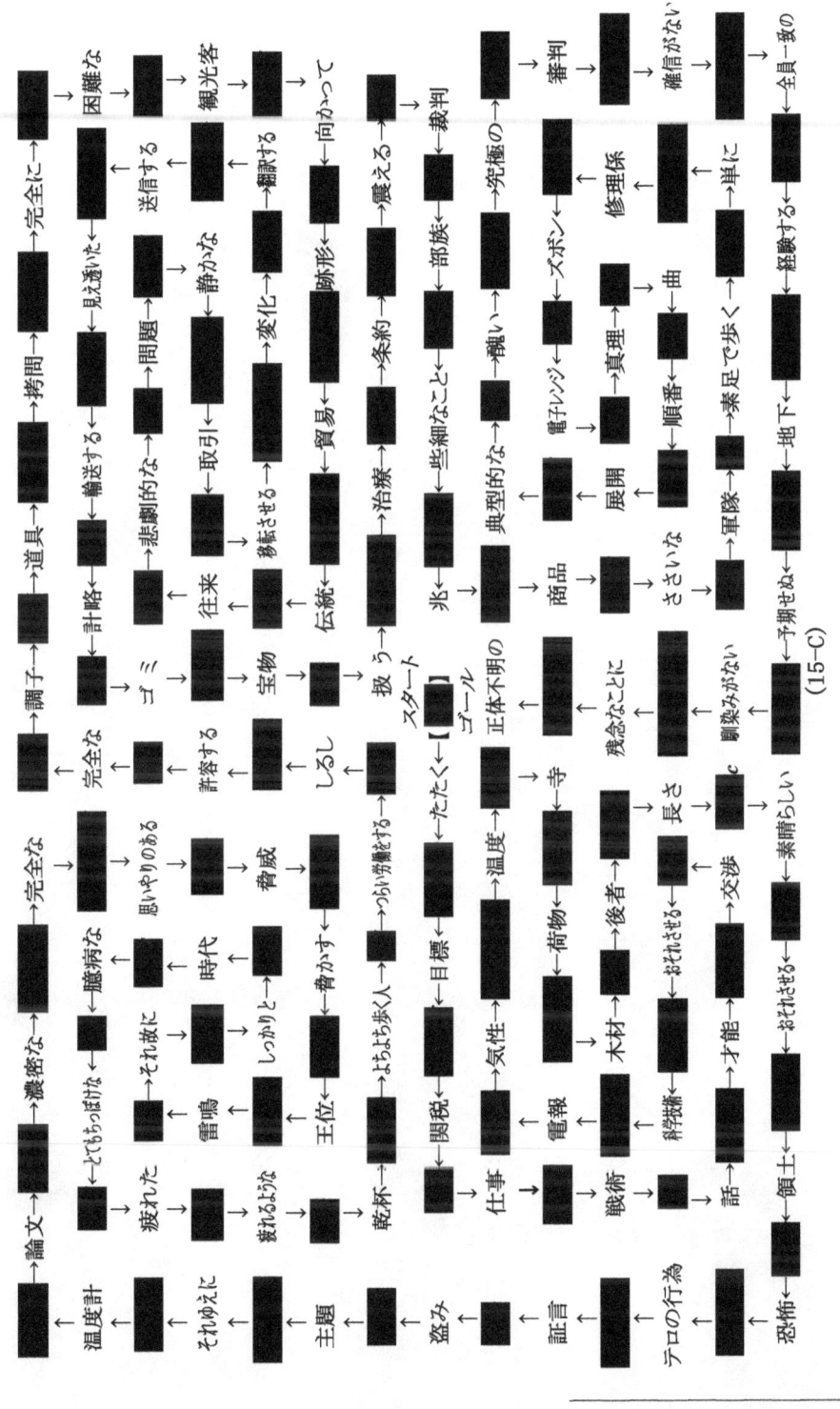

(15-C)

Notice. English words. Hear. Now.

vary→変える→*vehicle*→乗り物→*velocity*→速度　*voluntary*→ボランティアの→*vote*→投票を行う→*voyage*→旅→*vow*→誓い→*vulgar*

様々な　*vigorous*←見解←*view*←犠牲者　*verdict*　量　*weary*←兵器←*weapon*←裕福な←*wealthy*←富←*wealth*　下品な

various　活発な　*vain*→無益な　*victim*　判決　*volume*　うんざりした　*warfare*→戦争→*warm*→暖まる→*warn*　弱点　*wage*

多様　*vinegar*　ワクチン　*via*　副　*vertical*　火山　*weather*　指名手配の　*waste*←戦士←*warrior*←最大限　*weakness*　賃金

variety　食用酢　*vaccine*　何々経由で→*vice*　垂直な　*volcano*　天候　*wanted*　廃棄物→*wasteful*→無駄な→*wave*→揺れる　*wail*

蒸気　*violate*　貴重品←*valuable*←容器←*vessel*　鮮やかな　*weep*　歩き回る←*wander*←財布←*wallet*←腰←*waist*←泣き叫ぶ

vapor　犯す→*visibility*→視界→*vital*→極めて重要な→*vivid*　泣く→*weight*→体重→*welfare*→福祉→*wharf*→波止場→*wheat*

スタート

消える　*university*←宇宙←*universe*←独特な←*unique*←組合←【*union*】　広範囲にわたる←*widespread*←口笛を吹く←*whistle*←ささやく←*whisper*←小麦

ゴール

vanish　大学　*useful*→役に立つ→*useless*→役に立たない→*utilize*　若者　*wipe*　間違った→*wrong*→悪いこと→*wrongly*→不法に→*workshop*

公共物の破壊　*unusual*　至急の　*utter*←この上ない←*utmost*←利用する　*youngster*　拭う　*wrong*　崇拝←*worship*←労働者全体←*workforce*　百万

vandalism　普通でない　*urgent*　発する→*utterly*→完全に→*utility*　屈する　*wisdom*　怒り　*worthwhile*→やりがいのある→*worthy*　証人　*wonderful*

貴重な　*unwilling*　駆り立てる←*urge*←都市居住者←*urbanite*　効用　*yield*　知恵　*wrath*←巻く←*wrap*←価値がある　*witness*　素晴らしい

valuable　気が進まない→*upset*→ひっくり返す→*urban*→都市の　*undergraduate*　叫ぶ　*withdraw*→引き出す→*withhold*→与えずにおく→*withstand*→抵抗する　*wildlife*

曖昧な←*vague*←休暇←*vacation*←最新化←*update*←卒業生　*yell*←根拠←*warranty*←何々以内で←*within*←平日←*weekday*←野生生物

(16–A)

vary→[redacted]→vehicle→[redacted]→velocity→[redacted] voluntary→[redacted]→vote→[redacted]→voyage→[redacted]→vow→[redacted]→vulgar

[redacted] vigorous←[redacted]←view←[redacted] verdict [redacted] weary←[redacted]←weapon←[redacted]←wealthy←[redacted]←wealth [redacted]

various [redacted] vain→[redacted] victim [redacted] volume [redacted] warfare→[redacted]→warm→[redacted]→warn [redacted] wage

[redacted] vinegar [redacted] via [redacted] vertical [redacted] weather [redacted] waste←[redacted]←warrior←[redacted] weakness [redacted]

variety [redacted] vaccine [redacted]→vice [redacted] volcano [redacted] wanted [redacted]→wasteful→[redacted]→wave→[redacted] wail

[redacted] violate [redacted]←valuable←[redacted]←vessel [redacted] weep [redacted]←wander←[redacted]←wallet←[redacted]←waist←[redacted]

vapor [redacted]→visibility→[redacted]→vital→[redacted]→vivid [redacted]→weight→[redacted]→welfare→[redacted]→wharf→[redacted]→wheat

スタート

[redacted] university←[redacted]←universe←[redacted]←unique←[redacted]←【union】 [redacted]←widespread←[redacted]←whistle←[redacted]←whisper←[redacted]

ゴール

vanish [redacted] useful→[redacted]→useless→[redacted]→utilize [redacted] wipe [redacted]→wrong→[redacted]→wrongly→[redacted]→workshop

[redacted] unusual [redacted] utter←[redacted]←utmost←[redacted] youngster [redacted] wrong [redacted]←worship←[redacted]←workforce [redacted]

vandalism [redacted] urgent [redacted]→utterly→[redacted]→utility [redacted] wisdom [redacted] worthwhile→[redacted]→worthy [redacted] wonderful

[redacted] unwilling [redacted]←urge←[redacted]←urbanite [redacted] yield [redacted] wrath←[redacted]←wrap←[redacted] witness [redacted]

valuable [redacted]→upset→[redacted]→urban→[redacted] undergraduate [redacted] withdraw→[redacted]→withhold→[redacted]→withstand→[redacted] wildlife

[redacted]←vague←[redacted]←vacation←[redacted]←update←[redacted] yell←[redacted]←warranty←[redacted]←within←[redacted]←weekday←[redacted]

(16-B)

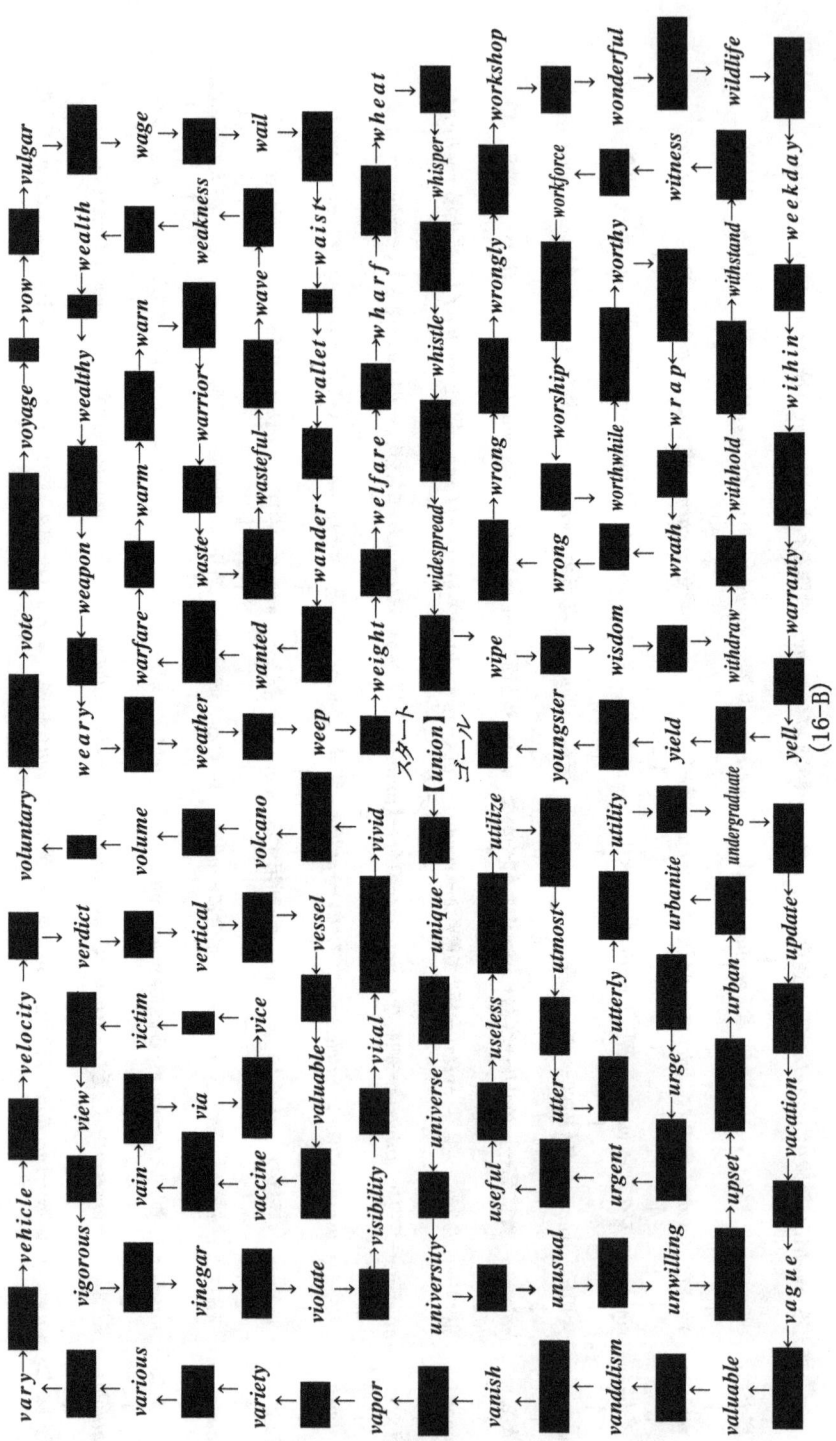

[redacted]→変える→[redacted]→乗り物→[redacted]→速度　[redacted]→ボランティアの→[redacted]→投票を行う→[redacted]→旅→[redacted]→誓い→[redacted]

様々な　[redacted]←見解←[redacted]←犠牲者　[redacted]　量　[redacted]←兵器←[redacted]←裕福な←[redacted]←富←[redacted]　下品な

[redacted]s　活発な　[redacted]→無益な　[redacted]　判決　[redacted]　うんざりした　[redacted]→戦争→[redacted]→暖まる→[redacted]　弱点　[redacted]

多様　[redacted]　ワクチン　[redacted]　副　[redacted]　火山　[redacted]　指名手配の　[redacted]←戦士←[redacted]←最大限　[redacted]　賃金

[redacted]　食用酢　[redacted]　何々経由で→[redacted]　垂直な　[redacted]　天候　[redacted]　廃棄物→[redacted]→無駄な→[redacted]→揺れる　[redacted]

蒸気　[redacted]　貴重品←[redacted]←容器←[redacted]　鮮やかな　[redacted]　歩き回る←[redacted]←財布←[redacted]←腰←[redacted]←泣き叫ぶ

[redacted]　犯す→[redacted]→視界→[redacted]→極めて重要な→[redacted]　泣く→[redacted]→体重→[redacted]→福祉→[redacted]→波止場→[redacted]

スタート

消える　[redacted]←宇宙←[redacted]←独特な←[redacted]←組合←【[redacted]】　広範囲にわたる←[redacted]←口笛を吹く←[redacted]←ささやく←[redacted]←小麦

ゴール

[redacted]　大学　[redacted]→役に立つ→[redacted]→役に立たない→[redacted]　若者　[redacted]　間違った→[redacted]→悪いこと→[redacted]→不法に→[redacted]

公共物の破壊　[redacted]　至急の　[redacted]←この上ない←[redacted]←利用する　[redacted]　拭う　[redacted]　崇拝←[redacted]←労働者全体←[redacted]　百万

[redacted]　普通でない　[redacted]　発する→[redacted]→完全に→[redacted]　屈する　[redacted]　怒り　[redacted]→やりがいのある→[redacted]　証人　[redacted]

貴重な　[redacted]　駆り立てる←[redacted]←都市居住者←[redacted]　効用　[redacted]　知恵　[redacted]←巻く←[redacted]←価値がある　[redacted]　素晴らしい

[redacted]　気が進まない→[redacted]→ひっくり返す→[redacted]→都市の　[redacted]　叫ぶ　[redacted]→引き出す→[redacted]→与えずにおく→[redacted]→抵抗する　[redacted]

曖昧な←[redacted]←休暇←[redacted]←最新化←[redacted]←卒業生　[redacted]←根拠←[redacted]←何々以内で←[redacted]←平日←[redacted]←野生生物

(16-C)

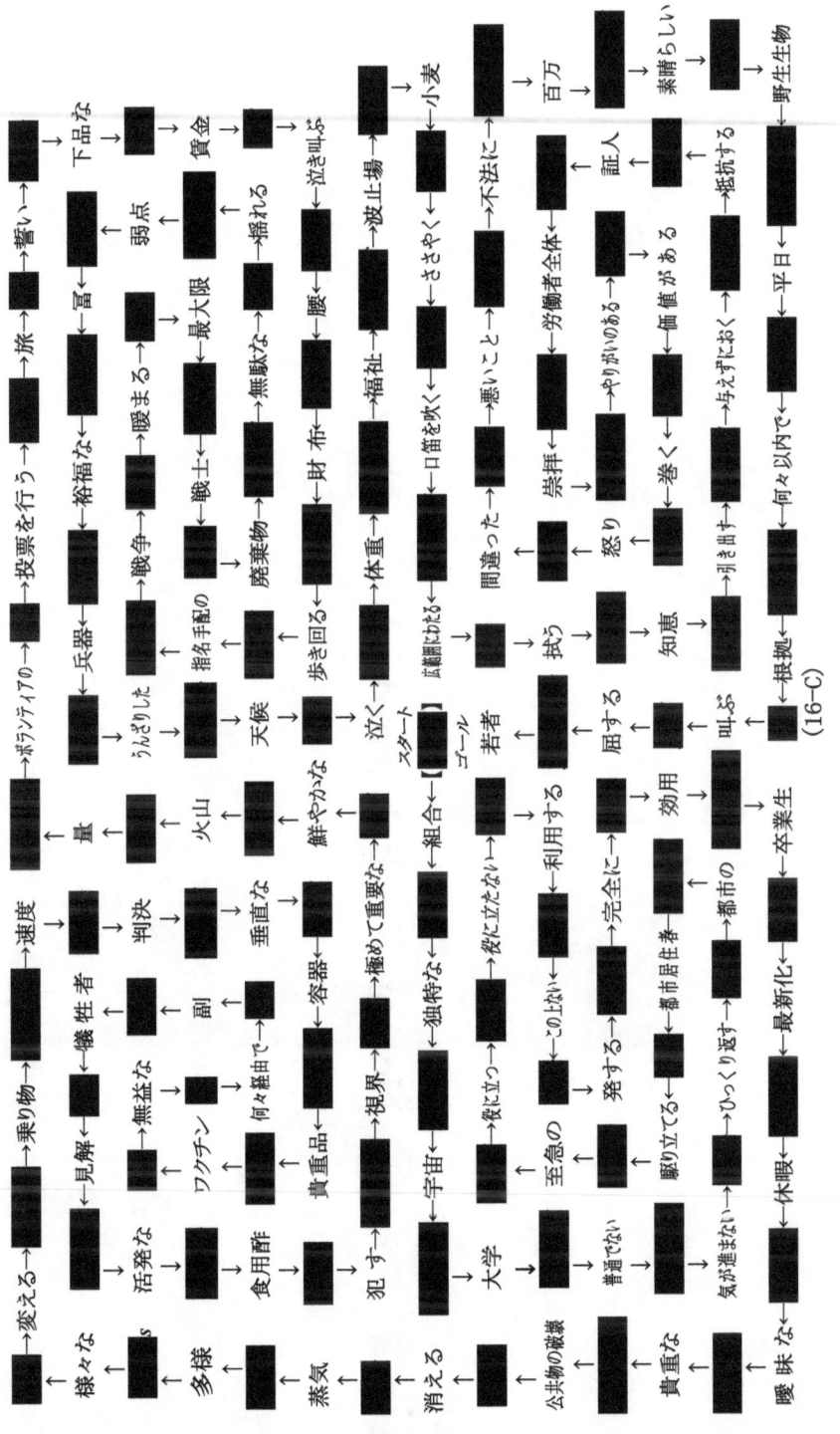

Notice. English words. Hear. Now.

Mindfulness:English Words Mnemonics

Authors Koji Kawai, Akira Kawai

Published by TPAF
1-42-8-107 Minamiogikubo Suginamiku
Tokyo,Japan
ISBN 978-4-906858-15-6

編著者：河合明 河合孝治
発行所：TPAF
ISBN 978-4-906858-15-6

www.ingramcontent.com/pod-product-compliance
Lightning Source LLC
Chambersburg PA
CBHW031423040426
42444CB00005B/684
* 9 7 8 4 9 0 6 8 5 8 1 5 6 *